介護施設経営のあり方が模索されなければなりません。さらに、
予測されている新型インフルエンザ等の感染症は今後も私たちの
脅かすものとなっています。その意味において、介護施設は感染
備えを前提に経営を行うことが求められるのです。

害への備え

、2020（令和2）年に忘れられない事件として、「令和2年7
災害」がありました。この豪雨災害により、全国で死者84名、
者2名を出しました。そして、熊本県球磨村の特別養護老人
は、14人の尊い命が失われました。
と、介護保険法に基づく介護保険施設等の設置基準では、非常
計画の作成や関係機関との連携、定期的な訓練が義務づけられ
た。さらに、2016（平成28）年8月の台風10号被害により、
泉町の高齢者グループホームで発生した被害を踏まえて、2017
年より地域防災計画に位置づけた要配慮者利用施設では、避
画の作成と訓練実施が義務化されるなどの強化が図られていま
うしたなかで熊本県において多くの犠牲者が発生したのでし

たどってみると、毎年のように豪雨災害が発生しています。数
度や数百年に一度と表現される豪雨が毎年のように発生し、地
ず各地で被害が出ています。そして、そうした豪雨災害によ
浸水やがけ崩れといった利用者の命に関わる重大なものか
（令和元）年の台風15号被害のように長期間にわたる停電な
生活に与える影響は多岐に及びます。
地震大国である我が国にあっては、南関東域でM7クラスの
震の30年以内の発生確率は70%、20 mを越える津波が予測
海溝・千島海溝周辺海溝型地震の30年以内の発生確率は
〜M9クラスの大規模地震により西日本全域に及ぶ広域災害

チェックリストと
事例でわかる!

介護施設の災害・感染症対応

［編集代表］
東洋大学
ライフデザイン学部准教授　早坂 聡久

ぎょうせい

はじめに

With コロナ時代の施設経営

東京オリンピック・パラリンピックが華々
た年になるはずだった2020（令和2）年。実
のパンデミックにより、全世界で1億を優に
超える死者を出す事態となりました。そして
構造的な変革がもたらされ、社会・経済はも
のが大きく変容した点において歴史的な年
この新型コロナウィルスのパンデミック
護施設に与えた影響は大きく、もともと人
護施設は、さらなる苦境に立たされること
基礎疾患がある方や高齢者に重症化リス
の人に感染が拡大する「クラスター」が発
高齢者が集住する介護施設でクラスターが
第2波、第3波と感染者の増減を繰り返
ウィルス感染症のクラスター発生場所も、
施設等を抜き、介護施設が最も多くなり
現在）。そして、地域の病床逼迫を理由
調整に時間がかかるなどの要因も重なり、
れました。
2020年、介護施設は、クラスター発
生後の対応、感染者発生時の施設利用者
は、コロナ禍における施設経営のあり方
れました。
新型コロナウィルス撲滅の可否を論
なる形であっても、今後も一定程度、
ウィルスと共存するなかでの生活が

代」の
発生が
生活を
症への

自然災
同じ
月豪雨
行方不
ホーム
もと
災害対
ていまし
岩手県岩
（平成29
難確保
した。そ
た。
記録を
十年に一
域を限定
る被害は
ら、2019
ど、被害
さらに、
首都直下
される日
60%、M

となることが予測される南海トラフ地震の30年以内の発生確率は70%となっており、いつどこで大規模な地震が発生しても不思議ではないと言われています。

介護施設は、利用者の健康・身体・生命を守る責務を担っています。その役割は、豪雨や地震といった自然災害が発生した状況にあっても堅持されなければなりません。平時から豪雨や地震があっても、利用者の命と生活を守るための準備が求められます。災害があることを想定した施設経営が常に求められます。

介護施設（事業所）に義務づけられたBCP（業務継続計画）

このように、新型コロナウィルス感染症の蔓延や自然災害の脅威が常にある状況に対応すべく、2021（令和3）年4月より介護保険施設のみならず全ての介護サービス事業者に対して、BCP（業務継続計画）の策定、研修の実施、訓練（シミュレーション）の実施等が義務化されました。3年の経過措置期間が設けられるため、2024（令和6）年度より完全施行となります。また、それに先立って、2020（令和2）年12月には、介護現場向けのBCP策定ガイドラインが公表され、より実効性が高いBCPの策定を後押ししています。それぞれ「介護施設・事業所における新型コロナウィルス感染症発生時の事業継続ガイドライン」と「介護施設・事業所における自然災害発生時の業務継続ガイドライン」としてネット上で簡便に入手できますので、一読いただければ幸いです。

さて、このBCP（Business Continuity Plan）は、その名の通り「業務継続計画・事業継続計画」です。大地震等の自然災害、感染症の蔓延、テロ等の事件、大事故、サプライチェーン（供給網）の途絶、突発的な経営環境の変化など不測の事態が発生しても、重要な業務を中断させない、または中断しても可能な限り短い期間で復旧させるための方針、体制、手順等を示した計画と定義づけられます。

重要なことは、新型コロナウィルス感染症の蔓延に伴うクラスターの発生や、豪雨災害や震災等が発生しても業務を継続できる「実効性」が伴った計画策定でなければ意味をなさない点にあります。

本書のねらいと構成

本書は新型コロナウィルス感染症の蔓延や頻発する自然災害等に対して、より実効性の高いBCPの策定、被災時に利用者一人ひとりの命を守るための実効性のある個別避難計画の策定、新型コロナウィルス感染症への実効性の向上等の、災害対策・感染症対策という2大リスクに対する介護施設の対応力向上とともに、災害や感染症といったリスクを抱えながら施設経営を行う際のポイントを明確にするとともに、そうした介護施設を支援する地方公共団体の役割等を明らかにすることを目的としています。

本書の構成は全8章であり、前半の災害対応と後半の新型コロナウィルス感染症に係る対応、前後半の間に災害と感染症に共通するBCPの視点が論じられています。

まず第1章「介護施設の利用者を災害から守るために」では、東日本大震災とそれ以降の激甚災害、とりわけ2016（平成28）年台風10号の被害とその後の水防法改正に伴う避難確保計画、要配慮者利用施設の避難確保計画のポイント、さらに2020（令和2）年7月豪雨災害を踏まえ、避難確保計画と個別計画の課題について解説されています。

第2章「東日本大震災での被災と復興への取組み」では、東日本大震災の被災経験から、大規模災害における実際の避難の様子、ライフラインが途絶えた被災地での介護の様相、地域住民との連携対応とその後の復興に向けた取組み、被災地における社会福祉法人や介護施設が果たした役割等が具体的事例をもとに語られています。

第3章「豪雨被害への備え」では、2016年の熊本地震、2020年7月豪雨の二つの被災を経験した熊本県において、熊本県老人福祉施設協議会の会員として参加した筆者より、熊本地震に際して行った被災支援とし地震後に行った対応、さらに、令和２年７月豪雨に際して行った支援に係る詳細な記録が示されつつ被災支援のポイントが解説されています。

第４章「DWAT・DCAT（災害派遣福祉チーム）の実践と課題」では、2016 年の熊本地震で本格的に稼働が始まった DWAT・DCAT の具体的な内容を解説しつつ、2011（平成 23）年の東日本大震災、2017（平成 29）年の台風 19 号被害での具体的な支援活動に参加した筆者より、災害派遣福祉チームの課題と可能性が論じられています。

第５章「事業継続計画（BCP）の策定の必要性」では、前半の自然災害対策と後半の新型コロナウィルス感染症対策の双方に対応する介護施設の BCP 策定において、「実効性」を高めるポイントが具体例を示しつつ解説されています。

第６章「利用者と職員を守る施設づくりについて」では、新型コロナウィルス感染症のクラスター発生施設の感染拡大の様子と具体的な対応が時系列に沿って細かく記載されています。施設が行うべきポイントや自治体関係機関との連携やマスコミ対応に至るポイントなども解説されています。

第７章「介護施設の感染症対策のための体制整備について」では、筆者が千葉県松戸市と共同で開発した感染症対策の改善アクションチェックリスト（資料２）をもとに具体的な感染症対策のポイントを解説しています。また、筆者が介護施設を巡回指導する際のポイントについてもまとめています。

第８章「コロナ禍の施設に求められる変革」では、経営環境の厳しい東京都 23 区の介護施設の経営状況を例示しつつ、介護保険制度の課題や人材不足の状況を詳細に示しつつ、コロナ禍でさらなる経営危機に陥る介護施設の経営について、社会福祉施設が果たすべき役割を堅持しつつ、経営改善の視点を論じています。

各章とも施設経営や専門職レベルにおいて自然災害・感染症対策に直接的に対応した経験や、専門的知見から介護施設を指導・支援する実務経験を有する筆者に執筆いただいています。また、統一した構成をあえてとらず、実務に精通する筆者の筆力を活かし「視点」や「ポイント」を読者に提供することを意識して構成しています。

本書が、介護施設の実務に携わる方々や介護施設を支援する立場にある方々、社会福祉学を学ぶ学生のみならず、地域住民として身近にある介護施設が直面する災害や感染症のリスクに対して、興味を持たれている方々のお役に立てればと願っています。

2021年3月

執筆者を代表して　早坂聡久

目　　次

第1章

介護施設の利用者を災害から守るために

はじめに

多くの介護施設が被災した東日本大震災から10年。この間にも多くの自然災害により介護施設の利用者の命が奪われる被害がありました。そして、自然災害による被害が発生するたびに検証がなされ、介護施設の利用者を守るための法令の改正や防災に係る仕組みづくりが改定されてきました。とりわけ、災害対策基本法や水防法等の改正を経て、介護施設を含む要配慮者利用施設では、利用者の避難確保計画の策定及び訓練の義務化等の対策がなされています。

本章では、豪雨災害が毎年のように起こるなかで、介護施設における防災対策のあり方の変遷と改定のポイントについて解説するとともに、介護施設及び地域の高齢者等を支える仕組みづくりの課題について解説します。

1 東日本大震災と災害対策基本法改正

2011（平成23）年3月11日に発生した東日本大震災から10年の月日がながれました。1000年に一度の巨大地震とも呼ばれた巨大地震とその直後に岩手県、宮城県、福島県を中心とした東日本太平洋側一帯を襲った津波により、死者行方不明者2万人にも及ぶ人的被害がもたらされました。

東日本大震災での高齢者福祉施設等の被災状況については、52施設が全半壊し、利用者485名、職員173名、計658名の尊い命が奪われました（2011（平成23）年6月13日現在：表1）。

例えば、岩手県山田町の介護老人保健施設「シーサイドかろ」では、利用者の高台への避難誘導中に津波に襲われ、入所者と職員あわせて88名が犠牲となりました。宮城県南三陸町の特別養護老人ホーム慈恵園でも、入所者と職員あわせて49名が高台へ避難誘導中に犠牲になっています。また、宮城県山元町の養護老人ホーム梅香園とケアハウス福寿の園では、沿岸に立地する施設から内陸部へ車で避難している最中に津波に巻き込まれ梅香園で利用者と職員あわせて66名、福寿の園で19名が犠牲となりました。宮城県名取市の特別養護老人ホームうらやすでは、隣接するケアハウスへの避難誘導中に警官の指示で閖上中学校へ避難場所を変更し、車両送迎の最中に津波に襲われ利用者・職員あわせて47名の方が犠牲になりました。

表１　東日本大震災による高齢者福祉施設の被害（岩手県、宮城県、福島県の合計数）

平成 23. 6. 13 現在

施設種別	平成21年10月１日現在の施設数等		被災施設数（全壊・半壊）	死亡者数		不明者数	
	施設数	現員		入所者	職員	入所者	職員
特別養護老人ホーム	333	20,633	11	170	19	41	60
養護老人ホーム	41	2,816	2	48	24	2	0
軽費老人ホーム	98	3,161	5	21	1	2	3
介護老人保健施設	201	17,520	6	137	9	26	48
介護療養病床	78	1,722	1	0	0	0	0
グループホーム	414	5,377	27	31	5	7	4
合計	1,165	51,229	52	407	58	78	115

※福島県で被災したグループホーム入所者は、同一敷地内の老健に避難中に津波を受けたため、死亡者数及び不明者数は老健に計上している。
出典：第３回災害医療等のあり方に関する検討会資料（2011（平成 23）年９月 30 日）

そうした痛ましい津波被害のなかで、いくつかの施設では奇跡的に利用者・職員とも避難できた事例もありました。例えば、宮城県岩沼市の海岸に位置する特別養護老人ホーム赤井江マリンホームは、特別養護老人ホーム、ショートステイ、デイサービスの利用者と職員の計144名全員が、近くの仙台空港に避難して犠牲者を出さずにすみました。津波警報発令直後に仙台空港への避難を決断したこと、利用者の誕生を祝う式典が行われており、入所者の多くが離床してホールに集まっていたこと、前年の2010（平成22）年2月に起きたチリ地震津波（宮城県石巻で78cmを観測）の際に避難経験をしていたこと、空港職員や居合わせた方々が車椅子を含む利用者を上のフロアに誘導してくれたこと等、様々な要因の重なりで犠牲者を出さなかったともいわれています。

こうした被災施設の事例は、痛ましい犠牲があった事例や、幸運にも避難できた事例など、復興に至るまでの経緯を含めて、様々な媒体や書籍で報告・考察されてきました。

■ 全壊した特別養護老人ホーム赤井江マリンホーム（宮城県岩沼市）

さて、東日本大震災から10年の歳月がながれました。この間、様々な形で災害対策もなされてきました。

まず、災害時要援護者対策については、東日本大震災における被災地全体の死者数のうち、高齢者が６割にも達し障害者の死亡率も被災住民全体の死亡率の約２倍となったことを受け、2013（平成25）年の災害対策基本法の改正において、避難行動要支援者（高齢者や障害者等の災害弱者）の名簿作成の義務化と、名簿を活用した実効性のある避難支援がなされるよう、以下の４点に係る内容等が定められました。

① 避難行動要支援者名簿の作成を市町村に義務付けるとともに、その作成に際し必要な個人情報を利用できること
② 避難行動要支援者本人からの同意を得て、平常時から消防機関や民生委員等の避難支援等関係者に情報提供すること
③ 現に災害が発生、または発生のおそれが生じた場合には、本人の同意の有無に関わらず、名簿情報を避難支援等関係者その他の者に提供できること
④ 名簿情報の提供を受けた者に守秘義務を課すとともに、市町村においては、名簿情報の漏えいの防止のため必要な措置を講ずること

さらに、「避難行動要支援者の避難行動支援に関する取組指針」（2013（平成25）年８月）が定められ、災害時の避難支援等を実効性のあるものとするため、全体計画に加えて避難行動要支援者名簿の作成に合わせて、地域の特性や実情を踏まえつつ、市町村が個別に避難行動要支援者と具体的な打合せを行いながら、事前に避難の手順を決める「個別計画」を策定することについても推奨することが明記されました。

その一方で、「避難行動要支援者の避難行動については、社会福祉施

設入所者や長期入院患者については、支援対象者の所在が明確であり、地域の避難支援等関係者の人数が限られていることから、避難行動要支援者名簿の対象は在宅者（一時的に入所、入院している者を含む）を優先すること」とされ、社会福祉施設入居者の災害時の避難については、引き続き施設の責任に委ねる形とされました。

なお、社会福祉施設については、東日本大震災の被災状況に対応すべく、「介護保険施設等における防災対策の強化について」（平成24年4月20日老総発0420第1号、老高発0420第1号、老振発0420第1号、老老発0420第1号）が出され、①情報の把握、②指揮組織の確立、③防災管理体制の整備、④職員等の防災意識の高揚、⑤消防用設備及び避難設備等の点検、⑥有効な避難訓練の実施、⑦消防機関等関係諸機関との協力体制の確立、⑧危険物の管理、⑨事業所間の災害支援協定の締結、⑩地域との連携、の10点について都道府県等の所轄庁による指導強化が図られました。

2 増え続ける台風・豪雨災害に備えて —避難確保計画の策定義務化—

（1）近年の激甚災害の傾向

東日本大震災以降の激甚災害については、特に豪雨や台風による自然災害が頻発・激甚化する様相が顕著となっています。「激甚災害に対処するための特別の財政援助等に関する法律」に規定する過去5年の激甚災害を確認してみても、台風や豪雨災害が頻発していることがわかります（表2）。

これらの激甚災害でも、福祉施設で痛ましい被害や、利用者の生活に重大な影響を与えた被災もありました。

表２　過去５年間の激甚災害

発生年度	災害名	主な被災地
平成 27 年 (2015)	梅雨前線・台風第９号・第 11 号・第 12 号	熊本県
	台風第 15 号	三重県
	台風第 18 号等	宮城県・福島県・茨城県・栃木県
平成 28 年 (2016)	平成 28 年熊本地震	熊本県等
	梅雨前線	熊本県・宮崎県
	台風第７号・第 11 号・第９号・第 10 号等	北海道・岩手県
	台風第 16 号	宮崎県・鹿児島県
平成 29 年 (2017)	梅雨前線（九州北部豪雨等）、台風第３号	福岡県・大分県・秋田県
	台風第 18 号	京都府・愛媛県・大分県
	台風第 21 号	新潟県、三重県、近畿地方
平成 30 年 (2018)	梅雨前線（平成 30 年７月豪雨等）・台風第５号・第６号・第７号・第８号	岡山県・広島県・愛媛県
	台風第 19 号・第 20 号・第 21 号等	和歌山県・奈良県・大阪府・長野県・新潟県
	平成 30 年北海道胆振東部地震	北海道
	台風第 24 号	鳥取県・宮崎県・鹿児島県
令和元年 (2019)	梅雨前線・台風第３号・第５号	長崎県・鹿児島県・熊本県
	前線による豪雨・台風第 10 号・第 13 号・第 15 号・第 17 号	佐賀県・千葉県
	台風第 19 号・第 20 号・第 21 号	岩手県・宮城県・福島県・茨城県・栃木県・群馬県・埼玉県・千葉県・東京都・神奈川県・新潟県・山梨県・長野県・静岡県
令和２年 (2020)	梅雨前線（令和２年７月豪雨等）	山形県、長野県、岐阜県、島根県、福岡県、佐賀県、熊本県、大分県、鹿児島県

出典：内閣府 防災情報のページより作成

例えば、2016（平成 28）年８月に発生した台風 10 号では、全国で 193 箇所の福祉施設が被災し、そのうち、岩手県岩泉町の小本川沿いの平屋建ての認知症グループホーム「楽ん楽ん」では、隣接する３階建ての老人保健施設へ避難できず、グループホームに濁流が流木土砂とともに流れ込み、入居者９名が犠牲になりました。

少ない職員で急速な増水の最中に避難誘導できなかったこと、市町村から発令された避難準備情報を「避難に時間がかかる人たちが避難を始めるべき情報」と認識しておらず、施設が準備していた避難マニュアルが火災のみを想定し水害に有効でなかったことなどが指摘されました。

（2）要配慮者利用施設の避難確保計画の義務化

この被災事故を受け、2016（平成28）年９月９日付けで厚生労働省から介護保険施設、養護老人ホーム、軽費老人ホーム、有料老人ホーム（サ高住を含む）、認知症グループホーム、小規模多機能型居宅介護等における利用者の安全確保及び非常災害時の体制整備の強化・徹底を求める通知が出されました[1]。

そして、翌年の水防法等の一部を改正する法律（2017（平成29）年６月）に基づいて、要配慮者利用施設の所有者または管理者に対して、これまで努力義務としていた「避難確保計画」（利用者の洪水時等の円滑かつ迅速な避難の確保を図るために必要な訓練その他の措置に関する計画）の作成や計画に基づく避難訓練の実施が義務化されました。

避難確保計画には、「洪水編」と「土砂災害編」があり、浸水想定区域に位置している場合は「洪水編」、土砂災害警戒区域に位置している場合は「土砂災害編」、両方に位置する場合は両編を作成することになりました。

市町村との対応関係については（洪水編の例）、まず、国交省及び都道府県が河川が氾濫した場合等に浸水が想定される区域を洪水浸水想定区域等として指定し、市町村は当該浸水想定区域内の要配慮利用者施設について地域防災計画に記載するとともに、当該施設への洪水予報等の伝達方法を記載します。それを受ける形で、要配慮者利用施設の施設管理者等は、避難確保計画を作成し避難訓練を実施します。

要配慮者利用施設は、避難確保計画を作成・変更したときは、遅滞なく、その計画を市町村へ報告する必要があります。また、避難確保計画の報告があった場合は、市町村等は、その内容を確認し、必要に応じて助言等を行うことが求められています。なお、避難確保計画を作成していない施設について、市町村は、施設管理者等に対して、期限を定めて避難確保計画の作成を求めるなどの指示を行い、指示に従わなかった場合は、その旨を公表することができることとなっています。

図１　要配慮者利用施設に係る水防法上の義務等

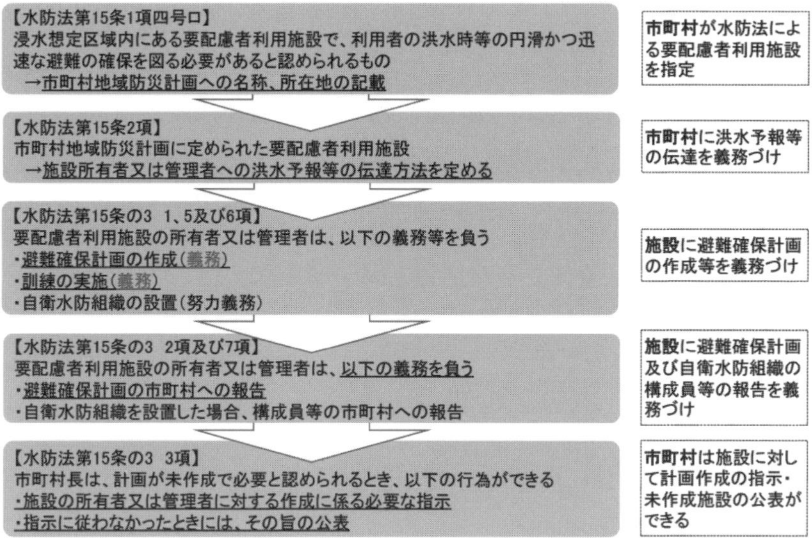

出典：国土交通省　要配慮者利用施設の管理者等の避難確保計画の作成等の義務化について

③ 避難確保計画の策定ポイント

要配慮者利用施設の避難確保計画作成については、2017（平成29）年６月に国交省により「避難確保計画作成の手引き」が公表され、多くの市町村で当該手引をベースに、具体的な避難確保計画の雛形が公開されました。また、内閣府は「要配慮者利用施設における避難に関する計画作成事例集（第３版：平成31年３月）」を作成し計画作成を支援しています。

また、地方公共団体による要配慮者利用施設の避難確保計画作成促進を支援する目的で、2018（平成30）年３月には「講習会の企画調整及び運営マニュアル～要配慮者利用施設の避難確保計画の着実な作成に向けて～」が公開され、2020（令和２）年には「要配慮者利用施設の避難確保計画作成に向けた講習会開催マニュアル」と名称を変更し、「避難確保計画作成の手引き 解説編」の内容を踏まえた改訂がされています。以下、それらの資料から、避難確保計画作成における３つのポイントをまとめましょう。

避難確保計画作成のポイント
① 施設の立地から災害の危険性を知る
② 避難先（施設内外）を決める
③ 避難開始のタイミングを決める

（1）施設の立地から災害の危険性を知る

洪水浸水想定区域等の指定は、河川管理者、下水道管理者、海岸管理者から公表されており、土砂災害警戒区域の指定は、都道府県から公表されています。こうした情報と市町村から配布されているハザードマップで施設の立地情報を確認することができます。また、国土交通省ハザードマップポータルサイトの「重ねるハザードマップ」では、施設の住所を入力することで、施設周辺の洪水、津波、土砂災害、道路防災情報の４種類の災害リスク情報を地図に重ねて表示することができます。とりわけ、想定される浸水深や浸水継続時間では、想定最大規模を把握することが求められます。

こうした情報とともに、目視で施設の立地状況を近隣の危険箇所とあわせて確認し、より実効性の高い危険箇所の把握と施設の地理的な災害リスクを把握しておくことも重要となります。

表３　重ねるハザードマップで表示される情報

災害の種別	表示される災害リスク情報	留意点
洪水（想定最大規模） 洪水（計画規模）	浸水想定区域 浸水深（色分け表示）	・想定最大規模の浸水継続時間及び家屋倒壊等氾濫危険区域については、国土交通省（国管理区間）又は都道府県（県管理河川）から公表されている最新の情報を確認してください。
津波	津波災害警戒区域 浸水深（色分け表示）	・都道府県から公表されている最新の情報を確認してください。
土砂災害	土砂災害警戒区域 土砂災害特別警戒区域 土石流危険渓流 急傾斜地崩壊危険箇所 地すべり危険箇所 雪崩危険箇所	・都道府県（砂防部局）や市町村から公表されている最新の情報を確認してください。
道路防災情報	道路冠水想定箇所 事前通行規制区間	・内水によって影響が及ぶ箇所の情報となります。

出典：避難確保計画作成の手引（解説編）

（２）避難先（施設内外）を決める

対象となる災害に応じて、適切な避難場所を検討する必要があります。その際、浸水想定区域・土砂災害警戒区域の外側に位置する系列施設等への立ち退き避難（水平避難）、最寄りの指定緊急避難場所及び指定避難所への立ち退き避難（水平避難）、施設の上階等への屋内安全確保（垂直避難）のいずれも検討すると同時に、それぞれ複数の避難場所と複数の避難経路を検討しておく必要があります。

洪水・内水・高潮・津波の場合は、浸水における水位の上昇時間、浸水の到達時間、浸水深、浸水継続時間を考慮する必要があり、いずれの避難においても避難を完了するまでに要する時間等を考慮して、当該要配慮者利用施設から避難可能な施設を設定します。

土砂災害（がけ崩れ、土石流、地すべり）の場合は、局所的かつ突発的に被害が発生する特徴があり、「いつ」「どこで」発生するかを正確に予測することが難しく、避難判断の具体的指標を設定することが容易ではありません。また、土砂災害は、地形そのものが変化し家屋等の建物の破壊及び人的被害が発生するなど甚大な被害を引き起こすことも多いため、土砂災害警戒区域から一刻も早く立ち退き避難（水平避難）を行うことを基本として検討する必要があります。

避難先の選定で重要となるのは、避難先へのアクセシビリティです。利用者の状態と避難場所までの距離や経路を綿密にシミュレートしておくことが求められます。浸水エリアや渋滞予測等、被災時の避難行動を行うにあたって、常に自力で避難することが困難な利用者等を避難所に搬送することを想定し、搬送用の車両の要否のみならず、停電や渋滞といった事態をも想定しておくことが必要です。

（3）避難開始のタイミングを決める

避難開始のタイミングは、土砂災害であれ水害であれ、災害発生のおそれが高まった際に、市町村から「避難準備・高齢者等避難開始」（要

図２　避難先（施設外）経路図

【施設周辺の避難地図】

洪水時・内水時・高潮時・津波の発生時・土砂災害の発生時の避難場所、避難経路は以下のものとする。

	立ち退き避難		屋内安全確保
	避難場所１	避難場所２	
洪水	A会（系列グループホーム）	C高校（体育館）	本施設2階
内水	A会（系列グループホーム）	C高校（体育館）	本施設2階
高潮	A会（系列グループホーム）	C高校（体育館）	本施設2階
津波	B神社	D小学校（校舎2階以上）	指定無
土砂	C高校（体育館）	C高校（体育館）	本施設（斜面の反対側）2階

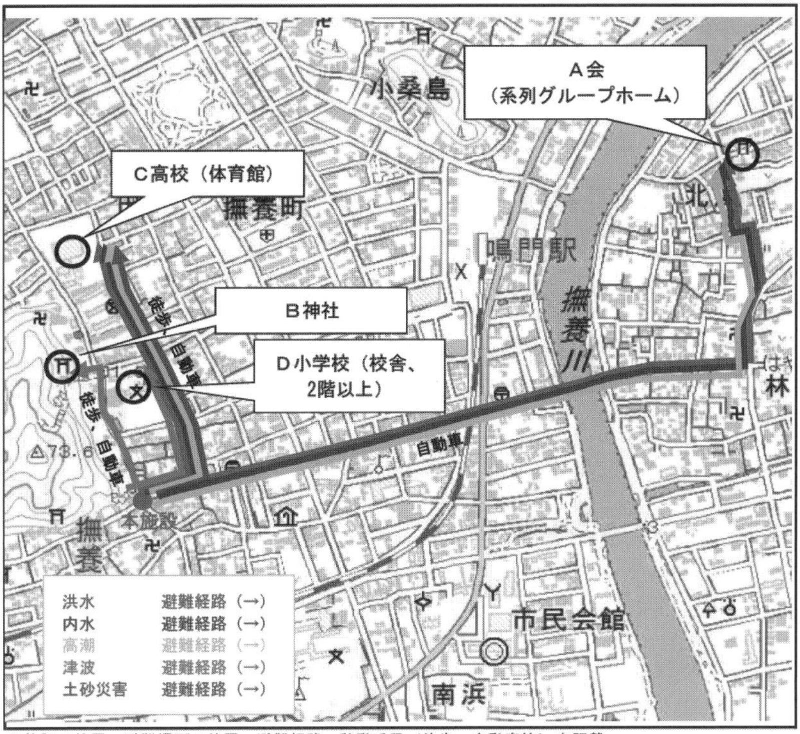

※施設の位置、避難場所の位置、避難経路、移動手段（徒歩、自動車等）を記載
避難場所については、避難訓練等により避難できることを確かめ、必要に応じ見直しするものとする。

出典：国土交通省　避難確保計画作成の手引

図３　避難開始のタイミングと避難時間の確認

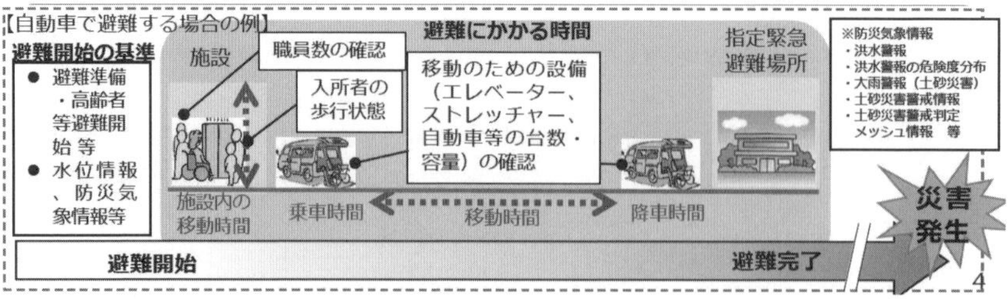

出典：「要配慮者利用施設における避難に関する計画作成の事例集（水害・土砂災害）」内閣府

図４　段階的に発表される防災情報と「要配慮者利用施設の主な行動（例）」

出典：要配慮者利用施設における避難訓練チェックリスト

配慮者の避難開始を意味）が発令される際、行政に発令の方針等を確認し、避難にかかる時間を踏まえて、発令から避難先に到着する時間を逆算して避難完了がなされるよう行動することが求められます。

実際には、「避難準備・高齢者等避難開始」の発令のタイミングで避難行動を起こしても間に合わない場合もあります。例えば、車両で避難する場合は、利用者一人ひとりについて、「施設内移動時間」・「乗車時間」・「車両での移動時間」・「降車時間」・「避難先（指定救急避難場所等）内の移動時間」の合計が避難にかかる時間となり、独歩、杖歩行、車椅子、担送等、一人ひとりの避難時の移動方法と介助の手間が異なるため、介護職員等の避難誘導を行える人員数によって避難時間が異なります。

そのため、個々人に対応した避難にかかる時間をシミュレーションして、個々のADLに対応した個別避難計画を策定し、避難時の誘導方法や手順について定めておく必要があります。さらに、その個別避難計画は、消防士等や避難協力者等の第三者でもわかるように一覧にしておくことも求められます。

そして、避難誘導に対応できる介護職員等の勤務状況やシフトによって異なる避難時間を把握し、災害発生までに避難完了となるよう早め早めに避難措置を講じる必要があります。防災情報に対応した行動例（図4）は、あくまでも例であり、施設管理者は、刻々とかわる天候や水位情報等の気象情報を把握しつつ、「避難準備・高齢者等避難開始」が発令されなくても、ためらうことなく自発的に避難することが求められます。なお、職員が少なくなる夜間等の避難を想定し、消防団・自主防災組織の協力や、他事業者、地域住民の方々と緊急時の協力のあり方について協議しておくことも求められます。

4 繰り返される悲劇をなくすために

（1）令和２年７月豪雨災害

2020（令和２）年７月３日から４日にかけて九州北部に停滞した梅雨前線に暖かく湿った空気が流れ込み、継続的に発生した線状降水帯が、熊本県南部に大きな被害をもたらしました。熊本県内で65名の犠牲者を出し、球磨村の特別養護老人ホーム千寿園では、入所者14名が亡くなりました。

７月３日から４日の２日間の降雨量は、７月の１か月分の雨量に相当し、球磨川流域の各地点の雨量計は観測史上最多雨量を記録しました。特に、７月３日の夜半から４日早朝にかけて非常に激しい雨となり、早朝４：50には大雨特別警報が発令されました。以後、球磨川の水位は急速に上昇し５：55には球磨川から溢れた泥水が国道や施設駐車場に流れ込み、午後７時頃に千寿園に泥水が流れ込んだとされています。

千寿園は、水防法及び土砂災害防止法改正に伴って施設管理者に義務化された避難確保計画を作成しており、2018（平成30）年４月に球磨村に報告していました。その避難確保計画では、避難準備・高齢者等避難開始が発令された時に「避難等を開始する」としており、夜間や休日の警報発表で園に駆け付ける職員12人も定め、さらに避難勧告・指示が出た場合は「施設全体の避難誘導」にレベルを上げることとなっていました。

当時、球磨村は７月３日の17時に「避難準備・高齢者等避難開始」を発令し、22時20分には避難勧告、４日朝３時半に避難指示を出しましたが、夜勤職員４名と宿直員１名で、施設長・副施設長を含む他職員が計画通りに千寿園に集まることはできませんでした。

図５　千寿園の平面図（当日の避難行動）

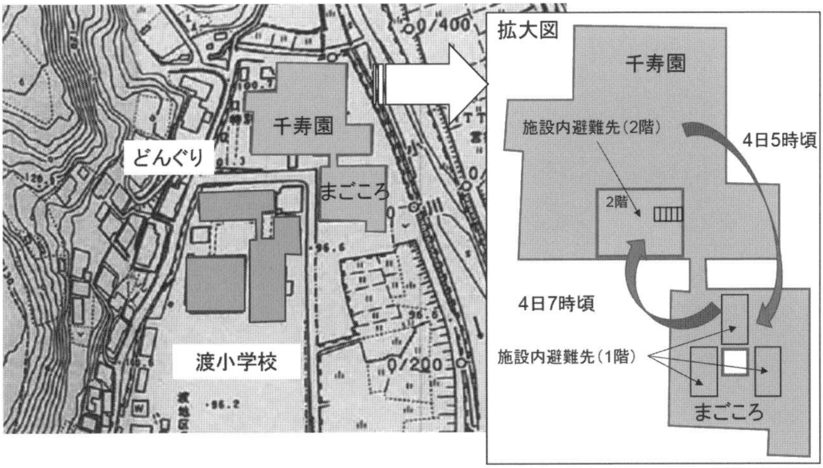

出典：令和２年７月豪雨災害を踏まえた高齢者福祉施設の避難確保に関する検討会資料（2020 年 10 月７日）

千寿園の避難確保計画では、第１避難場所を千寿園の屋外駐車場、第２避難場所を隣接する小学校の運動場及び体育館、第３避難場所を球磨村運動公園の多目的交流施設の順で選定していました。また「避難路で土砂災害が発生した場合や激しい降雨などで屋外に出ることが危険な場合は、施設内で避難する」としており、館内の避難場所として、南側の別館まごころ、本館２階のヘルパーステーション及び家族宿泊室が定められていました。

避難勧告が出された 22 時 20 分の時点で、夜勤職員４名と宿直員１名で 1.5 キロ先の高台にある球磨村運動公園の多目的交流施設へ移動させることは危険が伴うとして施設に留まりました。

豪雨の中、早朝３：30 に避難に備え利用者を起床させはじめ、５時頃に千寿園の土砂被害の危険性から南側の別館まごころ１階の談話室へ移動を開始したものの、６時過ぎに球磨川から溢れた泥水が駐車場等を覆い、７時頃に建物への浸水が始まったことで、駆け付けた近所の住民と協力して入所者らを本館の棟に戻し、２階のヘルパーステーションと家族宿泊室（計約130㎡）へ垂直避難を開始しました。しかしながら、階段を使った２階への移動に時間がかかり、約50名を２階へ避難させた頃、津波のように泥水が施設内に流れ込み、利用者14名が亡くなる悲劇となりました。

この被災を受けて設置された「令和２年７月豪雨災害を踏まえた高齢者福祉施設の避難確保に関する検討会」では、千寿園の被災で明らかとなった課題について、大きく２点にわけて考察しています。第１に「避難計画の内容や訓練の内容の適正性」であり、第２に「避難誘導の体制と避難に必要な設備等」です。

まず、「避難計画の内容や訓練の内容の適正性」については、「避難計画を作成する施設管理者等は、土砂災害のリスクを認識し警戒していたものの、洪水による浸水リスクへの認識は少なかった。このため、計画に定められていた避難先は、雨天時の避難に適さない場所、警戒レベル３避難準備・高齢者等避難開始発令時に開所しない場所、洪水による浸水に対して安全が確保できない場所となっていた。施設利用者を外部の避難先に誘導する訓練までは、実施していなかった。」とまとめています。

次いで「避難誘導の体制と避難に必要な設備等」では、「事前の予想雨量が多くなかったこともあり、避難誘導に必要な要員の配置などの体制を早期に確立できなかった。浸水被害が切迫した時には、豪雨に伴う交通遮断などにより、避難誘導に必要な要員が参集できなかった。階段を使用した施設の上階への避難誘導に労力と時間を要した。」としました。

（2）避難確保の実態調査

厚労省と国交省は、令和２年７月豪雨災害における千寿園の被害後に、全国の特別養護老人ホームと地域密着型特別養護老人ホームに対して避難確保の実態調査を実施しました（2020（令和２）年 11 月)。同調査の対象施設数は 10,411 施設で有効回答数 5,120 施設です（うち特別養護老人ホーム 8,097 施設、地域密着型特別養護老人ホーム 2,314 施設)。有効回答の 5,120 施設のうち洪水浸水想定区域内が 1,380 施設、土砂災害警戒区域内が 719 施設、洪水浸水想定区域と土砂災害警戒区域の両方が 73 施設です（合計で 2,172 施設)。

以下、その調査結果を紹介しましょう。

まず、避難確保計画の作成については、洪水浸水想定区域内や土砂災害警戒区域内の 2,172 施設のうち 1,874 施設（約 86%）で作成されていました。また、非常災害対策計画の作成については、1,691 施設（約 78%）で作成されており、二つの計画を一元的に作成しているのは、2,172 施設のうち 1,018 施設（約 47%）でした。

図６　避難確保計画と非常災害計画の作成について（速報値）

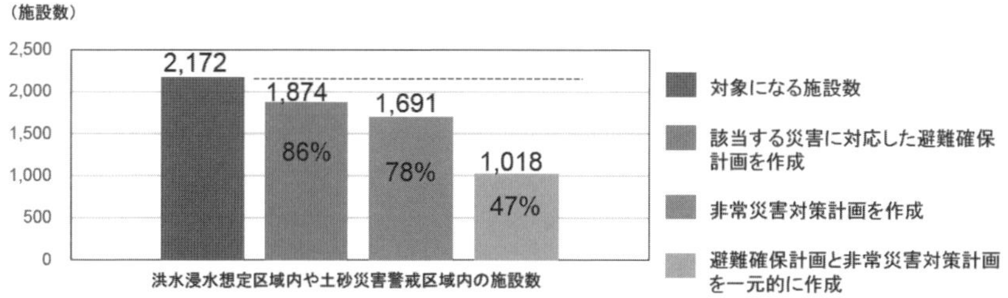

出典：令和２年７月豪雨災害を踏まえた高齢者福祉施設の避難確保に関する検討会資料（2020 年 12 月 18 日)

避難確保計画を作成している 1,874 施設の回答をまとめると、避難先の選定と避難訓練の実施については、災害の種類に応じた避難先を選定しているのは約86%(1,611施設)でした。避難先で施設利用者のケアなど業務継続が可能と判断している施設は約61%(1,135施設)でした。

なお、2017(平成29)年以降、施設以外の避難先への避難訓練を実施した施設は約24%(448施設)と少なく、避難訓練の実施に課題があることが明らかとなっています。

図7　避難先の選定と避難訓練の実施について(速報値)

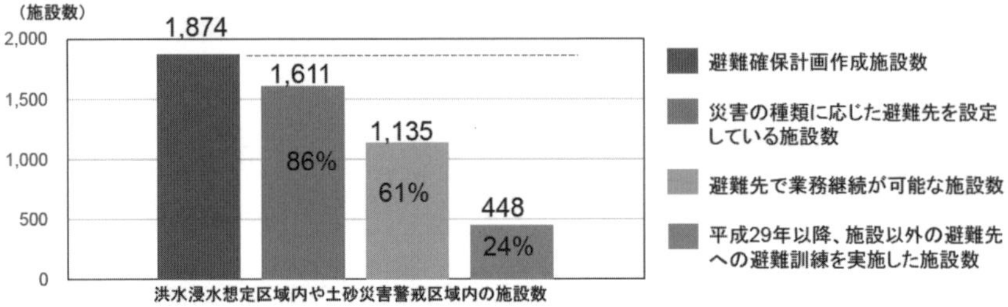

出典：令和2年7月豪雨災害を踏まえた高齢者福祉施設の避難確保に関する検討会資料(2020年12月18日)

避難確保計画の見直しと助言体制については、避難訓練を踏まえて、避難確保計画の内容を定期的に見直す必要があると考えている施設は約93%(1,749施設)にも上り、避難確保計画の作成時または見直しを行う際に市区町村や専門家などからの助言等が必要と考える施設も約87%(1,634施設)となっていることから、多くの施設で避難確保計画の有効性に確信が持てずにいることがわかります。

それは、施設における避難誘導体制等についても同様であり、避難計画の内容を職員に説明している施設は、避難確保計画を作成している施設の約83%(1,554施設)ですが、計画どおりに職員が参集できないことも想定しているとする施設も約82%(1,528施設)と多く、実際の避難時のマンパワー確保に課題があることを認識していました。その一方で、有事の際は職員を増員するなど勤務体制を強化するとする施設は約

59％（1,110 施設）と有事を想定した避難計画の立案が課題となっています。また、防災リーダーを定めている施設は約 85％（1,589 施設）ですが、防災リーダーが有事に参集することになっている施設は約 67％（1,257 施設）に留まっていました。

図８　施設における避難誘導体制について（速報値）

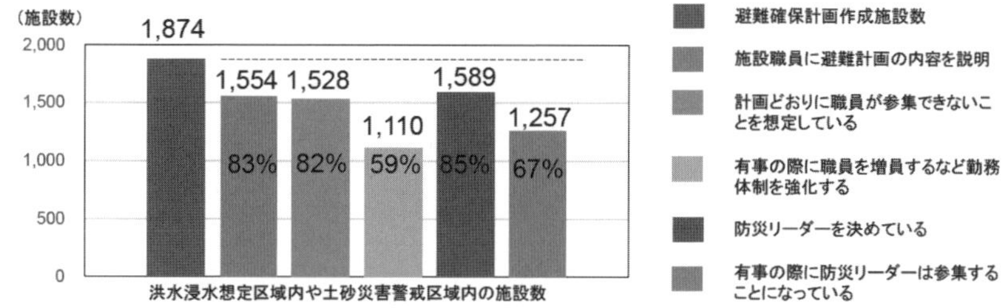

出典：令和２年７月豪雨災害を踏まえた高齢者福祉施設の避難確保に関する検討会資料（2020 年 12 月 18 日）

こうした結果からもわかるとおり、既存の行政による指導と報告といった仕組みでは限界があることは明らかではないでしょうか。より実効性が高い避難確保計画になるよう、避難確保計画策定に対する行政や専門家による助言や策定協力の仕組み、地域や他の機関との連携・協力体制の構築、施設以外の避難先への避難訓練の実施を行政が支援する仕組みなどが求められます。

5 在宅要援護高齢者の避難について

（1）避難行動要支援者

前述の「令和２年７月豪雨災害」では、国が管理する７水系 10 河川で外水氾濫が発生し、８水系 16 河川で内水氾濫が発生しました。全国の被害は、死者84名、行方不明者2名、住宅全半壊等9213棟、床上・床下浸水8466棟にも上っています。

特別養護老人ホーム千寿園の14名の被害者が強調されますが、全国の死者84名には在宅で生活する多くの高齢者が含まれています。こうした地域の災害弱者の支援も大きな課題となっています。

前述のとおり、東日本大震災では、全死亡者に占める高齢者の割合が6割にも達し障害者の死亡率も被災住民全体の死亡率の約2倍となったことを受け、2013（平成25）年に災害対策基本法が改正され、自分自身で避難することが難しい高齢者や障害者等の災害弱者（避難行動要支援者）を市町村が把握する避難行動要支援者名簿の作成と、名簿情報の避難支援等関係者への提供等の規定が設けられました。さらに、市町村又はコーディネーター（民生委員等）が中心となって、個々の避難行動要支援者と具体的な打合せを行いながら避難計画を事前に定めておく「個別計画」の策定についても「推奨」することが明記されました。

この、個別計画には、①発災時に避難支援を行う者、②避難支援を行うに当たっての留意点、③避難支援の方法や避難場所・避難経路、④本人が不在で連絡が取れない時の対応等が記載されます。

その一方で、同法の規定は個別計画の策定を「推奨」するに留まっていることもあり、法改正から6年が経った現在においても、個別計画は十分に策定が進んでいると言い難い状況にあります。

総務省の「避難行動要支援者名簿の作成等に係る取組状況の調査結果等」（2019年6月）によると、法に規定される避難行動要支援者名簿については、調査対象市町村（1740市町村）の98.9％が作成しており、名簿に記載する避難行動要支援者については、身体障害者（99.3％）、要介護認定を受けている者（98.8％）、知的障害者（97.7％）、精神障害者（92.7％）の順となっていました。平常時における名簿情報の提供先としては、民生委員（92.2％）、消防本部・消防署等（79.1％）、自主防衛組織（76.0％）、社会福祉協議会（71.3％）、都道府県警察（71.3％）の順になっていました。その一方で、個別計画の策定状況では、全員分策定している市町村は12.1％に留まり、一部の要支援者を対象に個別計画を作成しているのは50.1％、全く作成していない市町村が37.8％となっており、各々の自治体の取組として義務や努力義務となっていない「推奨」という希薄な法的根拠のため、ただでさえ多くの業務に追われている自治体においては、人手不足もあり取組に大きな差があります。また、プライバシーを理由に、高齢者や障害者本人から十分に協力を得られない場合があることも課題となっています[2]。

（２）個別支援計画作成促進事業

兵庫県では、避難行動要支援者の避難対策を有効にすべく個別計画の策定を推進するため、個別支援計画作成促進事業を実施しています。

平常時のケアプラン等の作成に合わせ、要支援者の心身状況や生活環境等を熟知した福祉専門職（介護支援専門員、相談支援専門員等）が個別計画の作成に関わる同事業は、2018（平成30）年度から２年間にわたるモデル事業（2018年度２市、2019年度36市町）を経て、2020（令和２）年度より県・市町の新規一般施策として兵庫県下の41市町へと取組を拡大して実施されています。

取組の流れとしては（図９）、（Ⅰ）事前準備として、まず、「対象地区・対象者選定・連絡調整（ステップ１）」で、対象となる自主防災組織を選定し、当該自主防災組織内で個別計画の作成が求められる高齢者や障害者（計画作成対象者）を選定します。同時に「福祉専門職防災力向上研修（ステップ２）」として、介護支援専門員、相談支援専門員等の福祉専門職に対して災害リスク等に関する講義や個別支援計画作成演習を実施、また、「福祉理解研修：住民勉強会（ステップ３）」として、対象となる自主防災組織及び住民に、障害特性等を学ぶ福祉理解研修を実施します。

そうした事前準備を経て、（Ⅱ）アセスメントを行うことになります。まず、「当事者力アセスメント（ステップ４）」では、福祉専門職を中心に対象者の自助力（居住地の災害リスクの理解、災害対応能力、平常時の備え、いざという時の行動の自信等）の確認を行い、自助で満たせない支援のポイントを明確化します。次いで、「地域力アセスメント（ステップ５）」では、利用可能なインフォーマル資源としての近隣関係、日中の若手住民数、避難支援資機材の準備状況等の「地域の支援力」を調査します。また、利用可能なフォーマル資源として、医療機関、利用している福祉サービス事業所等を確認します。

それらのアセスメントを踏まえ、（Ⅲ）個別支援計画作成の段階に移行します。まず「調整会議・ケース会議（ステップ６）」では、福祉専門職を中心に対象者の支援関係者が集まり、エコマップ等を活用しながら個々の避難支援に関する方針等を協議し、避難方法や移動支援時の配慮等を明記した個別支援計画を作成します。そして、「計画の検証・改善（ステップ７）」として、作成された個別支援計画を基に対象者を含めた防災訓練を実施し、福祉専門職による助言等を得ながら作成した計画を避難訓練で検証して必要な見直しなどを行います。

図９　事業の標準的な流れ

出典：兵庫県企画県民部防災企画局防災企画課

特徴的なのは、県が主催する「防災対応力向上研修」を受講した介護支援専門員等の福祉専門職が計画作成を支援した際には、１計画あたり7,000円の報酬（県１／２、市町１／２）を支払う点にあります。利用者宅を定期的に訪問し、本人のADLや普段の生活状況などを把握している福祉専門職が、普段の支援で使用している居宅サービス計画書に災害時の支援のポイントをまとめ、その居宅サービス計画書にまとめられる避難の際の支援のポイント等をもとに避難計画が作成される仕組みとなっています。

居宅で生活する要介護高齢者の生活を支えるケアプランに避難計画を連動させることで、災害時に福祉専門職・地域の自主防災組織や民生委員等が連携して対応できることで実効性が高い支援が期待されています。

図10　防災と福祉の連携による個別支援計画作成の実施スキーム

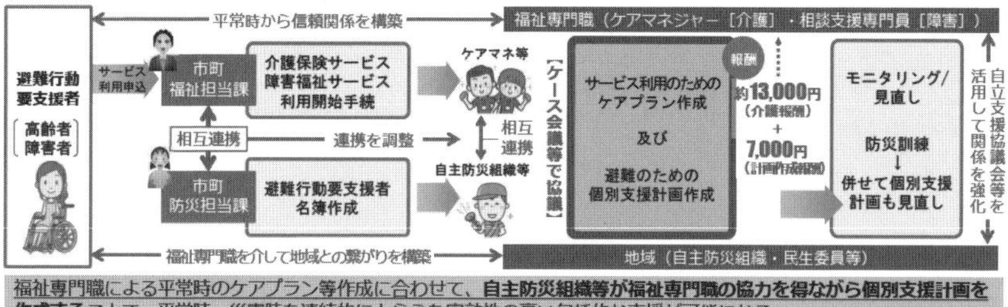

出典：兵庫県企画県民部防災企画局防災企画課

おわりに

2016（平成28）年の台風10号による認知症グループホーム「楽ん楽ん」（岩手県）の被害の後に義務化された要配慮者利用施設での避難確保計画作成は、その後の豪雨災害においても有効であることが明らかとなっています。

西日本を中心に多くの地域で河川の氾濫や浸水被害、土砂災害が発生し、犠牲者200名を超える災害となった「平成30年7月豪雨」では、岡山県のグループホームメディフル藤田・藤田東館が、市の防災計画及び避難計画に則り「避難準備・高齢者等避難開始」の発令後に避難を開始し利用者27名全員と職員が7km離れた運営母体（内科クリニック）に無事に避難しました。また、全国で105名が犠牲となった2019（令和元）年10月の台風19号の増水により、越辺《おっぺ》川の堤防が決壊した埼玉県川越市では大規模な浸水被害となりました。その中にあって、特別養護老人ホーム川越キングス・ガーデンでは、大規模な浸水被害の発生と重篤者の移動や避難を想定して職員24名が施設に残り、深夜2時の浸水に対応して平屋建ての棟から3階建ての別棟に垂直避難を実施し、100名の利用者全員が無事に避難しました。

この2施設の事例は、いずれも避難確保計画を策定し、避難訓練を実施していました。こうした好事例を素材として、全国の介護施設を含む社会福祉施設での、より実効性の高い避難確保計画の策定が望まれます。

1000年に一度の震災といわれた東日本大震災から10年。この間、台風や梅雨前線による豪雨災害は、以前にも増して発生するようになり、確率降水量を超える雨を毎年のように経験するようになっています。豪雨を伝えるTVやラジオのニュース番組で、命を守るための行動をとるよう呼びかけるアナウンサーの呼びかけも珍しくなくなりつつあります。

首都圏直下型地震、南海トラフ地震などが「確実に訪れると予測される災害」であり、豪雨災害はどの施設でも巻き込まれる可能性の高いものとなっています。そうであるならば、常に防災を前提とした施設経営を行う必要があり、また利用者の命を守る介護施設においては、ソーシャルワーク実践に防災が含まれる必要があります。

注記

1　介護保険施設等における利用者の安全確保及び非常災害時の体制整備の強化・徹底について（老総発0909第１号、老高発0909第１号、老振発0909第１号、老老発0909第１号　厚生労働省老健局総務課長、高齢者支援課長、振興課長、老人保健課長連名通知）等

2　2021（令和３）年１月の通常国会において、個別計画策定を市町村の努力義務とする災害対策基本法の改正がなされました。

第2章

東日本大震災での被災と復興への取組み

―厄災への備えと社会福祉の役割―

はじめに　―繰り返される厄災―

筆者の所属する社会福祉法人典人会は、岩手県の大船渡市および陸前高田市で16の福祉施設・事業所を運営している。2011（平成23）年の東日本大震災では、利用者・職員は全員無事だったものの、認知症対応型のデイサービスと建設中のミニ特養は流失した。被災体験から法人独自で災害介護派遣チーム（DCAT; Disaster Care Assistance Team）を創設し、熊本地震、台風10号の水害、北海道胆振東部地震等ではDCATとして現地で活動してきた。それらの被災地は全て3.11と全く同じ状況であり、正に厄災は繰り返されていた。

民俗学者の赤坂らは「災間（さいま）の思考」を説いている。私たちは厄災と厄災の間に生きている。災間に生きているからこそ、さまざまな厄災に対応できるしなやかな地域社会を創っていかなければならない、それは3.11を体験した筆者らの使命でもあると思われる。

本稿では、災害時に何が起こり、何を感じ、何を学んだか、そして次の厄災に備えるためにこの10年間にわたり何に取り組んできたのかを伝えていきたい。

1　3.11の体験から考え続けていること

（1）犠牲者が出たのは天災か人災か

東日本大震災では、大地震が発生してから大津波が到達するまで約30分であった。この30分という時間は、避難する場合に逃げ切ることができる時間であったのか、どのように逃げるべきだったのか…。岩手・宮城・福島県における高齢者入居施設・事業所の被災状況は、甚大被災施設・事業所は52、死亡・行方不明は利用者485人、職員173人にも上る。逃げきった人、逃げきれなかった人が存在している。

午後２時46分。その時刻、高台にあるデイサービスを利用していたお年寄りたちは帰宅時間前であったこともあり、そこに留まり生き延びた。また、事前に認知症であることを地域に知らせていた家庭（地域支援マップに掲載）にはいち早く地域住民や介護事業所の職員が助けに来たが、認知症という病を近隣に隠していた家庭には誰も駆けつけることなく津波に飲みこまれた。同じお年寄りを預かる市内の福祉施設・事業所でも、ある特養は施設の中庭から避難することなく67人と職員１名が命を失い、ある認知症デイサービスは全員が逃げ、生き延びた。多くの犠牲者を出した特養の施設長は、「わずか10メートルの道路を上がれば助かったのだが、まさかここまで津波が来るとは思わなかった」とコメントしていた。この人間の生死を分けたものは一体何だったのか、それは天災だったのか、人災だったのか…。

〈認知症デイサービスＡの避難〉

このデイサービスは、築140年の古民家を改修し、お年寄りが幼少期に過ごした家のような大きな神棚、かまどのついた台所、縁側、畑があり、昔懐かしい暮らしの中で日中を楽しく過ごしていた。しかし、海から500mしか離れておらず、海面との高低差は殆どないところに位置していた。

その日大きな揺れに「津波が来る」と利用者のお年寄りと職員は直観したという。当日は11名（定員12名）の認知症のお年寄りたちが利用していた。職員はお年寄りの頭に座布団を載せ、同時に荷物、防寒具、非常用の持ち出しの準備にとりかかった。認知症のお年寄りの多くは、自分の持ち物にこだわる特性があるため、誘導の際、「荷物は玄関にありますから、大丈夫ですよ」と職員は声をかけて安心感を持ってもらった。揺れが小さくなって職員は２台の車にお年寄りたちを分乗させた。午後３時前、山側に約 1.5㎞離れた小規模多機能ホームに辿りついた（通常ならば市の指定する避難所へ行くべきだったが、避難所は海岸沿いの漁村センターだったので、利用しているお年寄りたちからは、「地震が来たら津波が来ると思え、山に逃げろ」と普段から言い聞かされていた)。わずか 10 分たらずの避難だった。避難経路はいつもと違い、川沿いは極力走らず、津波の遡上を想定してできるだけ山側を逃げた。途中、利用者である一人暮らしのお年寄り宅に寄ったが、近所の人が既に避難させていた。その後、３時 15 分の大津波でこのデイサービスは門柱１本を残し、周辺の民家もろとも流された。この地区は壊滅状態で尊い人命も多数奪われた。

これまで、津波注意報が発令されるたびに避難してきた。震災の２日前にも震度４の地震があり、津波注意報が出たので、実際の津波訓練に切り替えて行動した。避難に 40 分近くかかった。利用者の幸子さん（仮名）がトイレから出ようとせず、説得に時間を要したからだ。それ以外にも反省が山のようにあった。この 40 分という数字は「津波は 30 分後にやってくる」ことをお年寄りから事あるごとに聞いており、「これじゃ津波にのまれてしまう」と危機感を高めた。その夕方、職員間で話し合い、持ち出す物の見直し、利用者の混乱した時のシミュレーション、「今度は担ぎ上げてでも連れ出して逃げる」という強い意識を職員間で確認した。そして、３月 11 日、トイレに閉じこもっていた幸子さんは担がれて避難した。

この２日間を比べると、避難時間に約 30 分以上の差があった。

これは予め２日前のミーティングにより想定外の出来事は想定内になっており、それで即座に職員が行動できたのだと思われる。非常に緊迫した状態であったが、職員はそれぞれ冷静な判断をすることができ、10 分で避難完了し全員の命を守る結果となった。職員たちは「２日前の反省を生かして利用者の命を守れた」「避難訓練は業務的に行うのではなく、本番を想定する」「訓練は失敗し、問題の多い方が成功と思え」「いつもお年寄りたちから津波の話をしてもらっていたから今回は逃げきれた。私たちはお年寄りたちに支えられていた」と職員は話していた。

ポイント

利用者・職員の命を守り抜くための３原則

①初動避難…避難判断は早く‼ 利用者の気持ちを推し量りつつ、揺れている間から避難準備を冷静にして、いち早く逃げる。

②避難手段、避難ルート…津波を想定して逃げるルートとその手段を徹底的に吟味する。

③避難場所…少しでも快適に過ごせるバックアップのための場所を選び、日頃から行き来する。

（2）究極の判断・決断、試された倫理観

大地震・大津波直後から電気、水道のライフラインが断絶、通信や道路も寸断、何よりの恐怖は続く余震だった。その恐怖の中で、高台にあった特養には、建物被害のあった隣接する医療法人のデイケア利用者40 名等の要介護者の受け入れが始まった。もちろん、当法人のデイサービス利用者も留まることとなる。沿岸部は壊滅状態であったことから、地域住民も法人内の各施設や事業所へ避難してきた。夕方からは炊き出

しが始まった。特養では厨房のLP（プロパン）ガスが使用できたので、近くの公民館からは「食べ物がないので、おにぎり50個お願いします」と依頼され、即座に提供した。また、乳飲み子をかかえたお母さんからは「ミルクがないんです」と頼られた。お年寄りの介護はもちろんのこと、次々に来る住民への対応に迫られ、飲み水や明かりの確保、トイレの工夫等その場その場での判断・決断の連続であった。

また、法人の施設や事業所の中には、津波のために孤立してしまった事業所もあり、当然、そこではサバイバルが始まった。職員にも家族がおり、自分が生きていることを家族には伝えられない、家族の生死を知ることもできない状況であった。過酷な状況下では管理者だけではなく、職員一人ひとりが瞬時に判断し行動を起こさなければならなかった。

本部のある特養にいた筆者は、23時過ぎ、用務をしている職員から「自分の家のあたりは壊滅状態とのラジオ情報を聞き、家に帰りたい」と話された。夜中であり、道路の寸断、余震が続いている状況を勘案すると承諾できることではなかった。しかし、「近しい人の安否を知りたい」と懇願され、今生の別れになるかもしれないと思ったが最終的には許可した。また、翌朝、腹心の部下である事務長から「姪を探しに帰らせてください」と告げられ、困惑した。

このように、究極の状況下での判断・決断は、すべてが想像を超えており、自分の経験値だけでは限界があった。ライフワークバランスの考え方、倫理観、哲学観などを学んでおくことが大切であると改めて教えられた。人間の命を守る際の判断・決断はとても重要な要素である。後に法人内のある管理者から「是非、判断に迷わないように防災計画やマニュアルに盛り込みましょう」と提案された。確かにリスクマネジメントの重要な部分に「アクシデントマネジメント（過酷な状況下での管理)」という概念が今回は全く見落とされていた。しかし、想定外を完全に想定内とすることは至難であるため、日ごろからどんな状況下にあっても自身の見識、倫理観、哲学を備え、判断する際の思考回路を鍛えておくことで適切な判断に近づけると思われた。

ポイント　発災直後の究極の状況下でのマネジメント

①利用者の暮らしを確保・継続するための事業存続のための計画を準備し訓練しておく。

②判断・決断するための考え方を深めておき、常に思考回路を鍛える努力をする。

(３)「緊急医療」はあっても「緊急介護」はない　―災害支援のありがたさ―

3.11の大震災直後から、当法人の各施設・事業所では他法人の入所者や地域住民の受け入れが始まった。しかし、入居している認知症のお年寄りたちは、いつもと変わらない暮らしを心掛けた結果、それほどの動揺や不安は見られなかった。むしろ、お年寄りや職員が皆で雑魚寝をすることで、人の温かみに触れ、乗り越えられたのだと思う。しかし、環境の大きく変化した認知症のお年寄りたちは周りの動揺にうまく適応できずに自分の「居場所」をさまようこととなった。また、沿岸部のあるグループホームでは、着の身着のまま空き民家に避難したが、十分な暖、介護、医療が受けられず肺炎となり三日後に亡くなった入居者がいたという。

職員は自宅に帰ることも許されず、肉体的・精神的・感情的にも疲労し、そのピークは３日目であった。何よりも見通しのつかない漠然とした恐怖感がのしかかってきた。

こうした状況下で痛切に感じたことは、「緊急医療」はあっても「緊急介護」の概念はまったく存在しないということだった。近隣の病院には、被災直後からDMAT（災害医療派遣チーム）がヘリコプター等で入ってきたが、介護施設や避難所で介護が必要な人のところには介護・福祉のプロは来てはくれなかった。命を支えるという意味では介護も医療も同じ重みがあるはずである。13日、筆者は、全国組織の事業者団体に連絡し応援要請をした。そのSOSによく応えてくれ、5日後の18日に第一陣の応援部隊が石川県から駆けつけてくれた。当時はまだ被災地の状況がよく分からない、原発等でマスコミがボランティアに行くことを制限していた中、筆者の顔見知りのメンバーだったこともあり、感極まったことを今でも鮮明に覚えている。お年寄りにゆっくりと話しかける応援スタッフの様子に、職員も少しずつ落ち着きを取り戻し、表情もやわらいでいるのがありがたかった。そして共に居てくれるだけで絶望に陥りがちであった私たちに希望を与えてくれた。

ポイント　緊急介護の必要性

- *東日本大震災のような広域災害の場合、自力で最低限のことができないことがある。*
- *その場合は、支援を受けるという「受援力」とその資源の確保も大切である。*

（4）地域住民との避難生活からの学び　－大きく揺さぶられた価値観－

住民や利用者との避難生活からさまざまな気づきが生まれたことは、大きな財産となった。

〈小規模多機能居宅事業所Bでの地域住民との5日間の避難生活〉

津波はこの事業所の100mまで迫った。泥足で泣きながら住民たちは避難してきた。子ども、お母さん、お父さん、透析をしている人、在宅酸素療法の人、認知症をかかえた人、車いすの人などさまざまな人たちが逃げ延びてきた。６人がやっと泊まれるくらいの小さな事業所だったが、幸い、併設して認知症グループホームの建設が終わり４月１日に開所予定であったため、そのスペースを全て使うことができたことも幸運だった。そこで管理者は迷うことなく約140名以上の地域の人を全て受け入れた。日ごろから運営推進会議という２か月に一度開催し、地域の方々と小規模多機能居宅事業所のさまざまな運営に関して話し合う会議で「何かあったときは当ホームを活用してください」というメッセージを発信していたことが功を奏したと思われる。事業所の周辺は孤立無援の離れ小島となり自衛隊が駆けつけたのは３日後だった。しかし、この地区はしっかりと訓練された自主防災組織があったため、女性部の人たちは被害を受けなかった家から冷蔵庫にある食材を持ち寄り、炊事班を結成した。救護班の男性陣たちは、暖をとるための反射式ストーブ、毛布、薪をかき集めてくれた。その日から５日間の共同生活が始まった。

写真１　喜怒哀楽を共にした避難生活

3.11当日は、認知症のお年寄りたちは普段と違った緊迫感と寄せ集まった人の多さに混乱し、大声をあげる人もいた。

しかし、避難してきた人に「大丈夫だよ、皆いるよ」と励ましている認知症の利用者もいた。私たちにとって良かったことは、共に生活することで、地域の人たちがその事業所の様子、介護の様子をみてくれ、時には手伝ってくれたこと、と同時に私たち職員もお年寄りの介護だけに追われるのではなく、住民の人たちと生きていたことを喜び、亡くなったことを悲しみ、お互いの魂にも触れ合うことができたことである。一つ屋根の下で百数十人が家族のように暮らすことができた。

〈地域の拠点として活動をした地域ケアホーム C〉

大船渡湾を一望できる高台に位置するこのホームは、地区の公民館が流されたこともあり、翌日の 12 日より一般避難所指定を受けた。後に福祉避難所指定も併せて受けた。当初、このホーム前に大きなベニア板に「伝言板」が設置され、利用者や地域住民への生活情報提供基地ともなった。また段ボール箱で作られた「簡易ポスト」も設置され、一日に一回郵便局員が来てくれ、住民からもとてもありがたいと大好評であった。支援物資の提供も毎日あり、それをホーム職員と利用者のお年寄りたちが近隣に届け、また青空市を企画・開催するなどしていた。

コンパクトに一つの介護事業所に市役所の情報機能、郵便局の機能、よろず相談等が集約され、住民も活用できる地域のケア・サポート拠点として活動できたことは、今後のケア・サポート拠点のあり方を示唆しているのだと感じられた。

寝食を共にした避難生活の経験から、お年寄りはお年寄りだけの世界、子どもは子どもだけの世界、障がいがある人は障がいがある人だけの世界をつくり出すのではなく、地域の人たちには得意とするところ、弱いところが混在しているが、それを理解し、皆が一緒になって支え合い、お互いが影響し合うことが大切だと気づかされた。高齢者施設で永年働いてきた筆者にとっても既成概念を破り、赤ちゃんからお年寄りまでいろんな人間が「お互いさま」と意識できる、拠点づくりを目指そうという新しい価値観が見いだされた。

ポイント　地域との協働と貢献

- *災害時には、地域住民、利用者、介護事業所という枠組みは存在せず、共に助け合い、共に生き抜くために協働する意識を持つことが大切である。*
- *また、暮らしを取り戻すための拠点となり得ることの自覚も重要である。*

（５）在宅の要配慮者支援の必要性

東日本大震災では、一般避難所の大半は大規模な小・中学校であったことから、要介護者やその家族に対する相談や適切な対応をどのようにしたら良いかが課題となった。外部から派遣された保健師などは地元の情報が乏しいことから、市内にある福祉施設・事業所によるコーディネート機能が求められた。しかし、その職員たちは、自分たちの施設に避難してきた要介護者や住民の対応に追われうまく機能できなかった。

また、利用していた福祉施設・事業所や自宅が流失したことにより、住み慣れた故郷を離れなければならないお年寄りが大船渡市では178人となった。自分たちの意に反して離れるということは、今まで培ったつながりをみな捨てるということでもあり、アイデンティティを失うことにもつながり、自分の一部を切り取られることにも等しく、特に認知症のお年寄りは「自分はここにいたい」ということを表現できない。本人に全く説明もないまま市外へと連れ去られて行ってしまい、筆者らは遣る瀬ない想いでいっぱいであった。

一方、北海道地震の際、筆者らのDCATが一般避難所に訪れたのは発災から５日目であった。認知症や寝たきりのお年寄りはすでに高齢者施設に移された後であった。地域住民200人ほどが避難している中で、介護が必要な人は２から３人しかいなかった。60代の兄妹がいたが、兄は腰痛がひどく入院し、残された妹は知的障害があるという理由で次の日には町外の施設に移る対応が進められていた。仲の良い近所の人や兄妹が離れ離れになることをその妹は望んではいなかった。東日本大震災と同じ状況であり、むしろ要介護者は福祉施設や福祉避難所に移ることが当たり前となっていることに筆者は違和感を覚えた。

在宅で暮らしていた要配慮者を福祉施設や福祉避難所に移動するという選択は支援側の視点であり、それが差別を生むことにもなりかねない危険をはらんでいると思われる。当事者の視点に立ち、地元でねばれる支援を共に考えていくことが必要なのではないだろうか。

ポイント　在宅の要配慮者への支援

- *地域の要配慮者はどこで暮らしたいかを聴く、または推し量ることが大切である。*
- *その人のその後の人生までも左右することを自覚する。*

２ 震災を通じて明らかになった社会福祉の役割

（１）かけがえのない命を守る

災害時の備えの最も大切な役割は、必ず全員が安全な場所まで避難するという強い意志を持ち、そのためには緻密な計画と訓練を繰り返すということである。また、災害リスクの低い施設・事業所はいち早く受け入れ準備に取り掛かる。双方がこれを怠ると天災ではなく人災になるという意識を持たなければならない。災害時医療にはトリアージ（選別）という価値観があるが、それとは一線を画す、全員の生命を守りぬくことが福祉施設・事業所の最大の役割である。

（２）「普通の暮らし」を取り戻す

災害時緊急支援を通じて、どんな状況下でも介護のプロフェッショナルは“利用者の暮らしを守る”ということを教えてくれた。被災している筆者らができなかったお年寄りの穏やかさを引き出し、普段の安心感を取り戻してくれた。過酷な状況下ではなかなか普通の暮らしを取り戻すという概念は存在しにくいと思われがちであるが、災害に弱い人たちだからこそ、福祉はいち早く一人ひとりの暮らしを守っていく役割があることを発信していくことが大切である。

（３）災害時も平時も存在するケア・サポート拠点づくり

福祉施設・事業所は一般住宅と比べるとスペースにゆとりがあり、バリアフリーであり、ある程度の看護の機能、備蓄も兼ね備えているため、乳幼児、在宅酸素療法者や透析者も一時的には対応が可能であった。また、さまざまな生活情報提供、郵便ポストの設置、物資等の提供を受けることから、その地域のケア・サポート拠点となれることが示された。特養、老健の大規模施設のみならず、小さなグループホームや小規模多機能事業所での避難生活は家庭生活の延長線上での避難生活であったため暮らしやすいというメリットがあったことから、今後、開設と同時に一般避難所、福祉避難所の指定締結や普段からの地域住民との交流により、住民と協働する下地作りの努力が求められる。

（4）重要な事業の選定

大規模災害時の社会福祉の役割として、災害があったから事業規模を休止や縮小するのではなく、介護難民が出ることを想定し、地域のケア・サポート拠点としてのニーズが高いことから、事前の準備が肝心である。そのためには、自施設・事業所の理念に照らし合わせ、事業継続の重要度を見極めていくことが必要となってくる。

表　ある法人のBCPの例

	入所系	通所系	訪問系	地域密着系	新規サービス 避難所
事業継続の必要性 （利用者や地域ニーズに配慮）	高い	低〜中	低〜中	高い	高い
事業継続の考え方 （法人・施設理念）	継続	縮小？	休止〜縮小？ 行政、他事業所と連携	継続 行政、他事業所と連携	立ち上げ 行政、他事業所と連携

特に最近では感染症対策や過ごしやすさを考慮し、避難所が分散傾向にあることから、それに対応するために、職員も被災することを考慮すると外部の支援団体と事前に派遣契約をしておくなど、支援ネットワークの開発も重要である。

（5）地域共生への可能性

震災は大切なもの（者、物）を奪った悲惨な出来事ではあったが、「物質的な豊かさではなく、人と人とが心寄せ合って生きることの幸せ」「人と人とがつながっていることの尊さ」を私たちに知らしめてくれた。人とのつながりや信頼感が強いほどさまざまな課題を乗り越えやすくする可能性があることも学んだ。よって、自施設の介護に終始するのではなく、地域と共に歩むという本来の社会福祉の役割が大切である。

❸ 社会福祉における３つの使命

（１）命を守るための備え　―初動避難行動を徹底－

私たち社会福祉施設・事業者の絶対の責務は、「利用者、職員の命を守る」という強い意識を持ち、速やかに避難する行動をとることである。

2016（平成28）年８月30日の岩手県での台風10号の水害により、グループホーム入居者９名の命が守られなかった。筆者らの調査によると、生死を分けたのは“避難の決断のタイミング”だった。

当時午前９時（水害がある９時間前）には「高齢者避難準備情報（現在の高齢者等避難情報）」が発令されていたにもかかわらず、介護が必要なお年寄りをかかえての避難には躊躇していた。近隣の住民が「逃げよう」と助けに来てくれてようやく避難した事業所が多かった。この避難の判断のタイミングのルール化の必要性を痛感し、筆者らは岩手県認知症グループホーム協会と共に避難の指針を示すリーフレットを作成した（図１　「生命を守る三か条」参照）。

避難に時間を要する高齢者等を対象としている警戒レベル３の「高齢者等避難開始情報」が発令されたら、無駄と思わず勇気をもって避難することを指針としている。できるならば、明るい日中に避難移動すると避難経路等の選択肢も多く、命を守ることができる。「高齢者等避難開始情報」で必ず避難するという至極シンプルな決断をすることを是非避難ルールとして取り入れていただきたいと思う。避難して無駄であっても、翌日「良い訓練になった」と笑顔で戻ってくればよい。空振りも、いざという時の適切な避難行動につながると思われる。

図1　リーフレット「生命を守る三か条」

「8. 30」を忘れない！

「生命《いのち》を守る三か条」

1. 無駄と思うなかれ「避難準備・高齢者等避難開始」情報

「避難準備・高齢者等避難開始」情報が出たら、勇気をもって避難せよ。
100%安全な立地条件はあり得ない。逃げる手間は大きいと思われがちだが、それが大切な命を守る事に繋がるという強い意識を持とう。

2. 安全安心に一日過ごせる居場所の確保

指定避難所が、認知症のお年寄りたちに配慮されている場所とは限りません。
より安全安心に過ごせる福祉避難所等の居場所を確保しよう。

3. 一人の力よりお互いさまの心

一人でできることは限られています。お互いに声を掛け合い、地域の人と共に避難しよう。グループホームだけではなく地域の要配慮者と一緒に避難する体制を創ろう。

ホーム名：　グループホーム　いわて

避難場所名	総合福祉施設もりおか	
連　絡　先	0123−45−6789	
住　　所		
設備状況	トイレ洋式３つ（内１か所車いす対応）	
	簡易ベッド１０台	
	デイサービス併設	

連絡先一覧	
市役所	0123−00−0000
病院	0123−00−0000
消防署	0123−00−0000
民生委員	090−0000−0000
所長	090−0000−0000

避難準備情報発令
↓
持ち出し物品の確認
↓
お年寄りの状態確認
↓
避難所への連絡・近隣への連絡
↓
避難

防災マップ

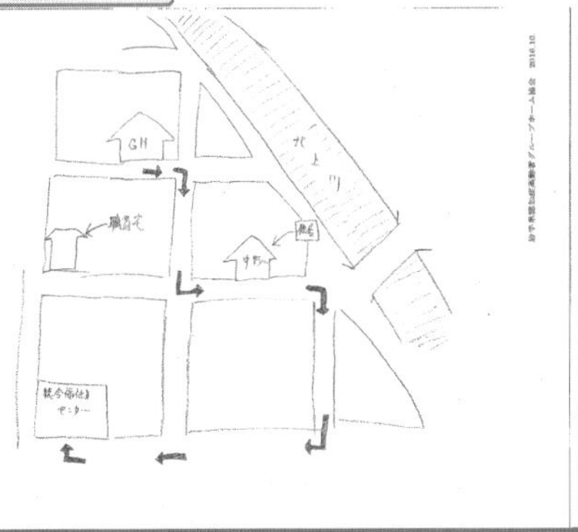

物品リスト
□くすり
□着替え（おむつ含み）
□食料・水
□連絡先一覧
□
□
□
□
□

避難訓練確認表

4月	5月	6月	7月	8月	9月	10月	11月	12月	1月	2月	3月
備品確認	×	発電機	水害	水害	火災	備蓄食料	津波訓練	夜間火災	×	×	地震

岩手県認知症高齢者グループホーム協会　2016.10.

〈1週間前避難〉

2018（平成30）年11月14日、政府の中央防災会議は、南海トラフの予兆があった場合1週間程度の自主避難を対応指針として発表した。南海トラフの地域では地震から津波まで5分という数字も出ており、どのようにして逃げるかを筆者も苦慮していた。地震から津波までの時間が限られている場合、避難が完了できないと判断したなら、予兆があれば1週間前から避難情報が発令される。1週間滞在の手間は大きいと思われがちだが、それが大切な命を守ることにつながるのであれば、実行に移す価値のある判断ルールだと思う。

ポイント

- *避難するルールを職員間で取り決めておく。籠城はあり得ない、高台か垂直避難が原則である。*
- *そして、訓練実施→改善→訓練実施というサイクルを繰り返すことが大切である。*
- *1週間前避難のためには事前に支援体制を作っておくことが必要である。*

（2）連携

利用者や地域住民の命や暮らしを守るためには、あらゆる場面・過程でお互いが助け合うことが大切であったため、筆者らはこの10年間さまざまな「連携」を試みてきた。

①　事業者間の連携

東日本大震災の際、福祉施設・事業者間の連携はほとんど見られなかったため、利用者の安否確認やその後のサービス利用に手間取った。そこで、2011（平成23）年８月に大船渡市内のサービス事業者が一堂に会し、市長も交えてどのように改善していけば良いかを話し合った。以後、いくつかのワーキンググループを作り、半年にわたり12の対策を練った。その一つが「12時ルール」である。大災害時、通信が途絶えたとしても、毎日12時に市役所の担当課に全サービス事業者が集合し、情報交換しつつ、在宅や避難所の要配慮者への対応を検討することとした。

②　地域住民との連携、自主防災組織との連携

東日本大震災では、地元の自主防災組織が活躍した。地元をよく知る自主防災組織と協働して人命救助、避難所や在宅のお年寄りたちを守ることが大切である。筆者らの法人では、各施設・事業所のある自主防災組織との連携を図るため、それぞれの公民館単位で防災協定を結んでいる。その内容として、災害前からの文化の伝承、訓練、資材などの整備、発災後は安否や被害情報収集、手当、搬送、避難支援、炊き出し、避難所運営、防疫などが明文化されている。

③　広域連携

広域災害の場合、災害対策基本法に位置付けられている災害医療派遣チーム（DMAT）の介護版となる災害介護派遣チーム（DCAT）を整備し、被災地に迅速に駆けつけて介護等の活動をする体制を重層的に組織化すべきであると、この10年間筆者らは各方面に働きかけてきた。この発想の背景には、大船渡市が防災協定を締結している「銀河連邦」加盟都市からの大きな支援を受けた経験からの学びがある。図２に示すとおり、1987年よりJAXA（宇宙航空研究開発機構）のある５市町と友好都市関係を形成しており、1996（平成８）年には阪神淡路大震災を受け、災害時の相互防災協定を締結した。

図２　「銀河連邦」６都市による相互広域支援

3.11の際、大船渡市は支援要請をしなかったにもかかわらず、２日後の13日からこの５市町によって２か月にわたり、職員派遣、物資、水道、医療・保健・福祉などの広範囲の支援がなされた。この「銀河連邦」の６都市は、3.11以前から研修を目的にした長期にわたる人的交流があり、交互に都市間を訪れていた。現在でも行き来は続いている。

広域支援の場合、予め災害が起こることを想定し、「銀河連邦」のように事前に複数の市町村と相互支援協定を結んでおくことが大切である。また、行政単位だけではなく、筆者らの法人では、新潟県にある社会福祉法人と姉妹法人提携しDCATを組織し、防災協定も結んでいる。その法人は3.11の急性期に駆け付けてくれただけではなく、2013（平成25）年一年間にわたり２名の職員派遣をするなど長期支援も行ってくれている。また、石川県、熊本県、静岡県の民間施設と広域訓練等を重ねて、ネットワークづくりにも挑戦している。

熊本地震の際、筆者らのDCATは、民間DCATとしては全国で初めて新潟県の社会福祉法人と連携して発災して３日後に活動することができた。余震が続く中での活動は危険を伴ったが、介護が必要な住民の人たちもおり、深く頼られたことはDCATの必要性、重要性を裏付けるものだった。

また、このDCATは法人の力だけでは限界があり、後方支援として、一般企業にも協力していただいている。トヨタレンタリース岩手にはDCAT出動時２台のワゴン車を無料提供されている、またみちのくコカ・コーラボトラーズとは、派遣時飲料水の無料提供を受けている。

（3）厄災に強い町づくりへの使命

復興に向けて、社会福祉施設・事業所として地域とどのように協働し、まちづくりに貢献していくか、筆者らはその方策を模索し続けた。避難生活での助け合いは心が癒され、安らぎがもてることも、心の奥深く存在していることに気づいた。住民たちは避難生活が終わった後も、介護事業所に自分たちの居場所のように訪れるようになった。

そんな中、筆者らは“お年寄りだけが暮らす場ではなく、子どもも若者も集えて、支え合えるような場を創り、助け合えるようなまちづくり”をしようという考え方に集約されるようになった。

〈積極的な居場所づくりの活動〉

筆者らは、地元の公民館長等と協力し、アメリカのIbashoという団体の友人と協力し、「居場所ハウス」を2013（平成25）年６月、津波被害の大きかった大船渡市の末崎町にオープンさせた。また、国からの助成金を受けて、大勢の避難者が苦楽を共にした２つの介護事業所にも、敷地内に一軒家を建て、地域の人たちが名づけ親になり、2014年５月に「赤崎ホッとハウス」「珊瑚島」がオープンした。

特に、「赤崎ホッとハウス」の地域の人たちは、避難生活で住民同士のつながりができたことで、以前より地域で問題となっていることを積極的に介護事業所の職員にも話してくれるようになった。その問題の中には、「土砂災害の危険性がある」「有事の際の避難場所がない」「公民館が老朽化して使い勝手が悪い」「震災によって離れ離れになった人たちが集うところがない」「子どもたちのゆったりとした学習場所を確保したい」等、地域がかかえている多くの問題があることを知ることとなった。

これらの問題は、いろいろな場面で聞くことも多く、地域全体の切実な問題であることを認識した。しかし、福祉の助成金を活用して建物を建築しただけで今の問題をカバーするのであれば、以前と何も変わらない。そこで、地域の人たちに説明し、皆さんで一緒に居場所をつくりませんか？と提案したところ、「二つ目の公民館にしよう!」と喜んでもらった。

設計の段階から「台所は広くしてほしい」「寝泊まりができるようにシャワーをつけよう」等沢山の意見を出し合いながら進めていった。建物の名前は小・中学校の子供たちから募集したところ、温かい気持ちになれてホッと一息つける場所にしたいという想いから小学６年生の女の子の「赤崎ホッとハウス」が採用された。

開所式では多数の住民がお祝いに訪れ、餅つき大会、詩吟、踊りなどここぞとばかりに自慢芸を披露し、大いに盛り上がった。私たちはその喜びを地域の方々と分かち合い、さらに心の距離が近くなったことを強く感じた。

〈お互いさま研究所の活動〉

震災直後の住民との協働などを通して確信したことは、「お互いさま」の精神の大切さだった。その思いは、その後、地域の長老、学童クラブの先生、女性部長、認知症の人と家族の会そして介護事業所がメンバーとなり、2014（平成26）年９月、それぞれの得意わざを持ち寄り、それを学び合う「お互いさま研究所」の発足へとつながっていった。

地元に根ざした活動をしながら、お年寄りから若者、子どもたちに文化の伝承をしていこうという趣旨であり、「赤崎語（方言）をお年寄りから学ぶ」「縄なえとお正月料理」「山歩きで地域を知ろう」「かまどでご飯を炊く」「高校生から学ぶ救急救命」などを教え合い、学び合うことで、多世代がつながれることを大切にしている。今年の夏はコロナ禍ではあったものの、子どもたちは川遊びを楽しんだ。川の危険性を良く知る老人クラブのメンバーは、その前日までに川の危険箇所にロープをめぐらすなどの配慮を自主的にしていた。また、お正月は餅文化のある地域性があり、お年寄りでものどに詰まらせない長芋をいれた餅を学童の子供たちが作り、もしものために救急救命の知識までも学んだ。

写真２　お互いさま研究所での救急救命訓練

〈地域介護力アップのための寺子屋活動〉

大船渡市でも福祉医療分野のマンパワー不足は深刻であり、その打開策としては、専門職を確保して教育をするのではなく、地域住民一人ひとりが介護力を身につけることで、地域全体の介護力がアップできるという発想を持った。テーマは「生きる力をアップする」。2014（平成26）年から大船渡市全域で寺子屋のように少人数で地域の人が地域の人に教え合う、という方式をとっている。広く知識や技能を学び、その際はできるだけ多世代で楽しく、必ず食事つきで行っている。

具体的には、一日もしくは半日程度で、「体温計の正しい測り方」「爪切りの仕方」「119番のかけかた、応急措置」「お年寄りにやさしい田舎料理」「ドライヤーのかけ方」等である。

ポイント　厄災に強い町づくりのキーは地域力アップ

- *地域力を高めることは、共に生きる基盤となる。*
- *お互いが支え合う仕組みがつくられれば、人間関係が増強すると共に、地域のしなやかな回復力の強化にもなり得るはずである。これこそが厄災に強い町づくりにつながっていくものと確信する。*

結語

災害時の社会福祉の大切な価値観は、全員の命と暮らしを守ることである。そのためには災間に備えておかなければならないことがある。

内外からの災害支援や地域住民と共に乗り越えた避難生活から、筆者らは人のつながりのありがたさを体験した。それは赤ちゃんからお年寄り、障がいの有無を問わず、お互いの得意とするところを多くの人たちが発揮しながら、お互いを支え続けた結果であった。すると、お互いの役割や貢献の機会も増え、地域のしなやかな回復力の強化にもなり得ると思われた。これこそが、自然災害のみならず、すべての厄災に強い、しなやかな町づくりにつながっていくものと確信すると共に、社会福祉の本来の使命であると思われる。

第3章

豪雨被害への備え

—熊本豪雨被害を通して—

はじめに

2020（令和２）年７月３日から31日にかけて、日本付近に停滞した前線の影響で、暖かく湿った空気が継続して流れ込み、各地で大雨となり、人的被害や物的被害が発生しました。気象庁は、顕著な災害をもたらしたこの一連の大雨について、災害の経験や教訓を後世に伝承することなどを目的として「令和２年７月豪雨」と名称を定めました。

７月３日から８日にかけて、梅雨前線が華中から九州付近を通って東日本にのびてほとんど停滞しました。前線の活動が非常に活発で、西日本や東日本で大雨となり、特に九州では４日から７日は記録的な大雨となりました。

熊本県では、７月３日に東シナ海の梅雨前線上に低気圧が発生し４日未明には九州北部地方に進み、低気圧や前線に向かって暖かく湿った空気が流れ込んで、４日未明から朝にかけ、記録的な大雨になりました。

４日未明から朝にかけて県の南部を中心に局地的に非常に激しい雨が降り、芦北町付近では３時20分に約110ミリの猛烈な雨となり、記録的短時間大雨情報が発表されました。その後も天草市、芦北町、津奈木町、人吉市、あさぎり町、球磨村、八代市付近で１時間に約110ミリから120ミリ以上の猛烈な雨となり、記録的短時間大雨情報が発表されました。また、４日４時50分に天草・芦北地方、球磨地方、宇城八代に大雨特別警報が発表されました（図）。

本章の活動主体は、高齢者福祉施設団体の熊本県老人福祉施設協議会（以下、当会）であり、県下の特別養護老人ホーム（会員154）、養護老人ホーム（会員34）、軽費老人ホーム（会員６）、ケアハウス（会員30）、デイサービスセンター（会員143）の会員同士の相互協力や利用者

図　令和２年７月豪雨の状況

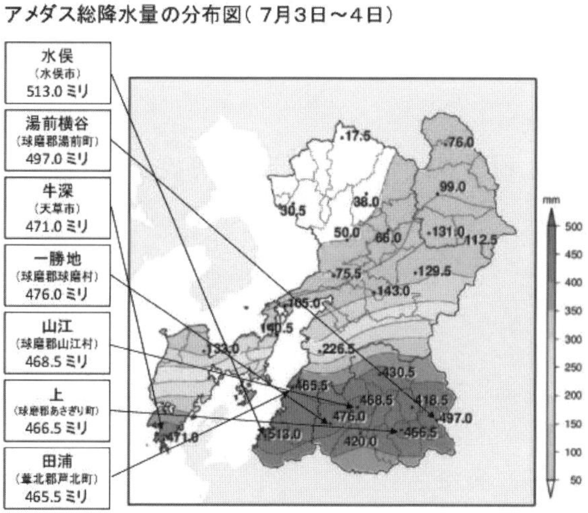

地点名	総降水量（ミリ）
鹿北	17.5
南小国	76.0
岱明	30.5
菊池	38.0
阿蘇乙姫	99.0
熊本	50.0
益城	66.0
南阿蘇	131.0
高森	112.5
宇土	75.5
山都	129.5
三角	105.0
甲佐	143.0
松島	140.5
本渡	133.0
八代	226.5
田浦	465.5
山江	468.5
五木	430.5
水俣	513.0
一勝地	476.0
人吉	420.0
上	466.5
多良木	418.5
湯前横谷	497.0
牛深	471.0

への処遇向上、資質向上を目的に組織された協議会です。

この度の「令和２年７月豪雨」災害の対応では、2016（平成28）年熊本地震後に当会に設置された熊本地震災害復興部会で検証・実施した内容を踏まえ、令和２年７月豪雨の際に行った取組や活動を振り返ります。今後、同種の災害の発生に直面する自治体関係者や福祉関係者の一助になれば幸いです。

改めて、球磨村の「特別養護老人ホーム千寿園」でお亡くなりになりました14名のご冥福をお祈り申し上げるとともに、被害にあわれました方々のお見舞いを申し上げます。

1 熊本地震を経験して
—時間の経過とともに変化する被災施設のニーズ—

（1）熊本地震の被害状況

2016（平成28）年4月14日21時26分に、熊本県熊本地方を震源とするM6.5の地震が発生し、熊本県益城町（ましきまち）で震度７、玉名市（たまなし）、西原村（にしはらむら）、嘉島町（かしままち）、宇城市（うきし）及び熊本市（くまもとし）で震度６弱を観測したほか、九州地方から中部地方の一部にかけて震度５強～１を観測しました。気象庁はこの地震に対して、最初の地震波の検知から3.8秒後の21時26分42.5秒に緊急地震速報（警報）を発表しました（のちに前震と呼ばれる）。

また、4月16日1時25分には、この地震よりも規模の大きい熊本県熊本地方を震源とするM7.3の地震が発生し、熊本県益城町及び西原村で震度７、南阿蘇村（みなみあそむら）、菊池市（きくちし）、宇土市（うとし）、大津町（おおづまち）、嘉島町、宇城市、合志市（こうしし）及び熊本市で震度６強を観測したほか、九州地方から東北地方の一部にかけて震度６弱～１を観測しました（のちに本震となる）。

これらの地震をはじめとする一連の地震活動は、4月14日の地震から4月16日の地震まで熊本県熊本地方で活発に推移し、震度１以上を観測する地震は9月30日までに4,068回発生しました。

これらの地震活動により、死者273人、負傷者2,809人、住家全壊8,667棟、住家半壊34,719棟、住家一部破損163,500棟、火災15件などの被害が生じました。

一時は、熊本県だけで855か所の避難所に183,882名の避難者が身を寄せました（最大）。

（２）被災施設のニーズの変化

九州では日頃経験の少ない地震による災害であるため、ライフラインの寸断が施設運営の継続を妨げました。熊本県の発表では、県内高齢者関係施設 3,354 のうち 750 施設（約 22%）が損傷し、会員施設のうち

崩壊寸前の熊本城

機能停止した宇土市役所

崩落した阿蘇大橋

地震による断層のずれ

避難所（益城町体育館）

避難所（益城町体育館）

300万円以上の被害施設は47施設となりました（被害1億円以上は5施設）。

建物は耐震化工事により被害を免れても、地盤沈下等により施設に接続している地下埋設物の上下水管が損傷しました。そのため、発災直後は「飲料水」のニーズが増大し、公的な給水車の供給を受けながら支援物資や施設近隣の井戸水の確保等、地域による互助が継続的に行われました。車での通勤が多い阿蘇地域では地盤が火山性堆積土で形成されており、通勤道路の崩壊で通勤困難者が多数発生しました。職員の自宅再建やう回路での通勤に伴う身体的・精神的負担などで離職者もあり、あっという間に運営が困難になりました。

そうした状況に対応すべく、国より先駆けて福岡県老人福祉施設協議会が独自に人的派遣をしてくださいました。同時に、阿蘇地域ではいち早く民間の専門ボランティアが駆け付け、複雑な心境を抱える職員の心の支えとなりました。その後、国からの通知を受け、5月の連休後から本格的に当会でも介護職員等の派遣調整を開始しました（8月末で34施設に延べ2,440人を派遣）。

また、発災直後は水の確保に奔走しましたが、時間が経過するにつれて、生活物資（非常食や衛生用品など）がニーズとなり、ニーズ把握の困難さを経験しました。

支援物資については、要望物資の増加により4月18日、当会会長施設（荒尾市・白寿園）を物資拠点とし、全国各地から送られる物資の仮置き場としました。その後、白寿園から被災エリアの近隣3施設に要望の物資を配送し、被災施設から取りに行って頂くようにしました。

支援物資は随時全国各地から到着します。そのトラックの荷下ろし作業や物資管理は仮置き場施設（白寿園）の負担となることから、その調整や管理に苦慮しました。

また、被害が大きかった阿蘇地域へは交通網の寸断により、近県の大分県老施協より土砂降りのなか、120名の食事を３日分運んで頂きました。しかも、花が添えてあり、受け取った施設職員はその優しい心遣いに癒されました。

災害時では、物資ニーズと支援ニーズが同時に進行することが想定されるため、頼られる「外部支援のコーディネート」が重要だと思います。

被災施設の物資ニーズ変化のポイント

①生命に伴うもの…飲料水・非常食・発電機・使い捨て用品・職員確保

②①に付随するもの…生活用水・衛生用品（おむつ・生理用品）・情報整理

③専門に使用するもの…トロミ剤・経管栄養食・口腔用品

被災施設の支援ニーズ変化のポイント

①運営に伴うもの…職員確保・情報収集

②①に付随するもの…施設内情報共有・応援職員対応・マスコミ対応

（3）平時からの準備のポイント

西原村の「みどりの館」は、特養40名、ショートステイ20名、グループホーム９名等で運営しています。この施設は震源地にあるため、震度７程度を２度経験しました。前震では直接的な被害はありませんでしたが、深夜に発生した本震による被害は甚大でした。幸い入所者及び職員は無事でした。

本震後ライフラインの寸断により、ケアレベルが最低限になった段階で、ショートステイ及びグループホームの利用者の他施設移動を決断しました。施設長は、「他の施設も被害にあっている。職員不足もあるだろうと思ったが、苦渋の決断でお願いしました。結果、近隣施設には利用者の受入れをして頂きました。その時の『困った時はお互い様、大変でしょう』と渡して頂いたおにぎりの味は忘れられない。」と当時を振り返っています。

のちに「定期的な指導監査をクリア出来る準備は当然していたが、それを動かす機能が不足していた。どれだけのマニュアル・約束事があっても、常日頃から運用していなければ単なる紙切れであり、知っていると言うだけでは何もならず、実際に実践行動が出来なければ形を成さない。我々の訓練不足、教育不足、情報伝達力の無さは初動において痛感した。人や物があっても組織として対応しなければならず、不測の事態に備えて「対応力」を高めていかなければならない。」と述べられています。

行政による指導監査（定期的に運営が適切に行われているか確認され、不備があれば改善の指導をされる）では、災害時に施設利用者の食事提供が滞ることがないように「３日間の備蓄」が求められています。

この備蓄に求められるのは、飲料水（１日あたり最低1.5㍑）とエネルギー量（１食あたり500～600㎉）です。これに必要とされる食数（入所者数＋職員数【最大勤務人数】）が必要分となります。しかしながら、熊本地震での災害では指導監査項目である、「３日間の備蓄」では到底足らなかったとの声が多かったのです。

今回の地震では、道路寸断による物資供給が妨げられました。被害を受けた施設によると復旧に時間がかかり、交通網の寸断による物資不足があったために、最低基準である指導監査項目より多くの備蓄が必要でした。筆者がお聞きした備蓄のポイントは、以下の３点です。

平時からの備蓄のポイント

①飲料水

②生活用水削減のための使い捨て用品

③施設固有製品（トロミ剤・経管栄養食）

2 熊本地震災害復興部会の設立と取組

（１）熊本地震災害復興部会の設立

当会では、平時の活動として、主に職員の資質向上に向けての研修会を企画しています。各種別の施設長会議や各専門職に特化した研修を行うことで、利用者へのサービス向上を目指しています。また、行政からの説明会を行うことで制度改正や県施策の共通理解を深めています。

そんななか震が発生し、前震の時は被害が少なく情報収集に努めていましたが、16 日未明に発生した本震で熊本市中心部にある事務局機能が不能に陥りました。写真のとおり、資料が散乱し通信障害が発生するなかでの情報収集する状況となり混乱しました。特に阿蘇地域の収集は、通信設備の倒壊により固定・携帯電話が不通になり困難を極めました。また、事務局を依頼している熊本県社会福祉協議会（以下、県社協）ではさまざまな種別の事務局を抱えており、災害ボランティアセンターの設置等で県社協自体も混乱していました。

本震翌日の 17 日には取り急ぎの支援物資を発送するために、被害の少なかった施設の役員が県社協へ集合し、施設で確保してあった物資を持ち寄り届けました。そこで見た施設の光景は、停電が続く真っ暗ななかで懸命に施設運営を図っている職員の方々の姿でした。到底十分ではないと思われる飲料水をお持ちしましたが、「これで助かりました」と

地震後の当会事務局

言われた一言は忘れることが出来ません。

そこで、支援物資や人材の応援派遣の活動が落ち着いた2016（平成28）年11月に熊本地震災害復興部会を設立しました。この部会は当会の総務委員会の委員（４名）と被害を受けた施設の代表者（６名）で構成し、今後想定される活動について協議する場です。事業の目的は、①実態把握と記録収集事業、②災害支援マニュアルの作成事業、③被災職員及び被災利用者のリフレッシュ事業としました。

（2）熊本地震災害復興部会の取組

①　緊急連絡網の整備（情報管理者の携帯電話番号の把握）

緊急連絡網の整備については、熊本地震の際には施設の固定電話の不通や回線を占有することでの業務支障があったことから、個人情報に注意しながら情報管理者及び施設長の携帯電話番号の把握を行うことにしました。このことは、今回の豪雨災害でも活用できピンポイントで情報把握することが出来ました。一方、被害が発生した施設では水害で基地局が水没したことにより固定電話はもとより、携帯電話もつながらなくなったことも事実であり、もどかしさを感じました。

②　当会ホームページ・フェイスブックの開設

上記の通り、事務局からの電話やFAXの情報提供がうまくいかなかった経験から当会のホームページ及びリアルタイムの更新が可能なフェイスブックを開設しました。今回、情報提供の呼びかけや当会の状況を提供することが出来ました。

③　県内施設マップの作成

当会では、A２判サイズの会員施設マップを作成しました。これは、県内をブロックで色分けし、高速道や国道、線路を明記しどのようなルートでアプローチが出来るかを一目で分かるように可視化したものです。インターネット上のマップは数多くありますが、会員施設（379施設）を明記したものはなく、今回の豪雨応援派遣の際にもこのマップがあったことですぐに応援施設の位置が確認できました。

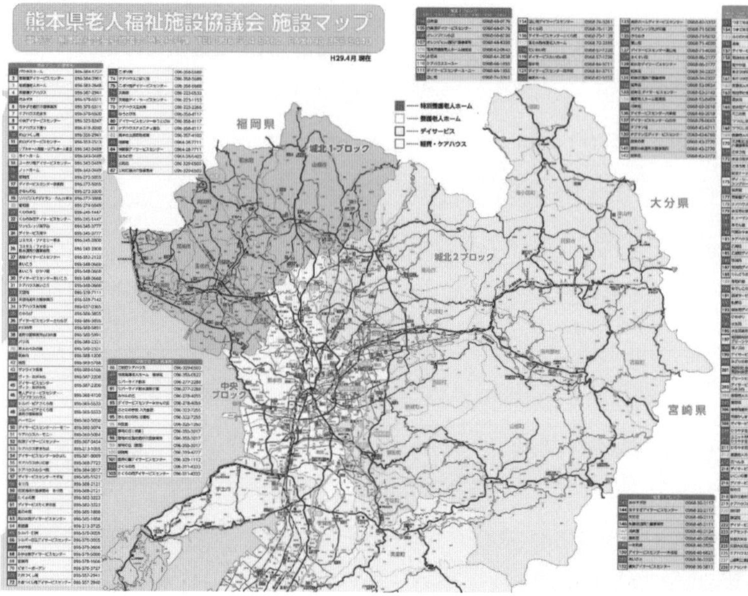

④　記録集の作成

当会での活動を記録するために、記録誌を作成しました（平成31年3月発行）。この地震対応の記録誌を残そうとするなかでのポイントとしたのは「受援力」でした。支援する側の検証は数多くありますが、支援される側の検証は被災した当事者しか出来ないと考え、5施設より寄稿いただきました。各施設での対応を振り返るなかで、いかにその場での判断や対応が重要であるかを考えさせられました。

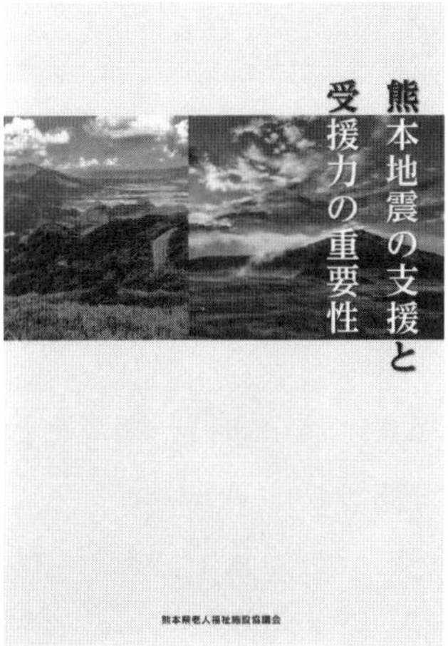

支援を受けた施設によれば、「自分たちだけで何とか乗り切ろうとする責任感が強い福祉現場であるからこそ、各支援に対しての感謝の気持ちとコミュニケーションをしっかりとることを意識し続けました。自分たちでは限界があるところで、外部支援にしっかり頼りながら施設運営を継続させるため、受入れに対する判断やその「受援力」こそが、結果的にご利用者や職員、施設運営や介護現場を守ることに繋がります。また、通信関係が復旧するにつれて、窓口の設置と連絡調整、職員間の情報共有や共通理解が重要であると感じました。救援物資の受入れや管理にも相当な労力が必要となるなかで、役場等の集積されている場所へ物資を受け取りに行くことも大事です。振り返って「受援力」を考える時、的確な情報収集と情報発信がより良い支援を受けるための条件でもあります。」と言われています。支援された立場からどのようなことが良かったのか、困ったことなのかを発信することで、相互の力を発揮できる力を「受援力」と表現しています。

「受援力」のポイント

①無理をせず頼る
②支援先のルールに沿う
③公助をあまり期待しない

⑤　外部支援の調査

有識者から外部からの支援の実態を調査したいという話をいただき、災害復興部会と共同で調査項目を検討し調査を行いました。

調査対象は、当会会員施設のデイサービスセンターを除く226施設とし、回答施設は147施設、有効回答率は65.0%でした。

結果としては、地震被害は地域的に被害が激しかった地域と、ほとんど被害がなかった地域があり偏って起こっていること、支援の受入れにはさまざまな問題や課題が残されたこと（水問題など支援物資の偏り、ボランティアや外部からの支援者のコーディネーターの不足等）が挙げられました。

代表的な意見を挙げるとすれば、支援における一人あたりの派遣の望ましい期間に大きな違いがありました。派遣する側の事情とは別に、受け入れる側としては入れ替わり立ち替わり新しい支援者がやってくるよりは、１週間から２週間程度、じっくりと腰を据えて支援してくれることを望んでいることが分かりました。しかし、派遣元としてはその間は施設の人員不足になることから、派遣に係る調整が必要と分かりました。この調査結果を踏まえ、今回の豪雨災害では３日間を軸に調整を行うことと致しました。

また、自由記述のなかでコーディネーターの役割についても多くの意見があり、なかでも「遠慮して『どこも大変な状況だから』と人的支援を控えていたが、コーディネーターから『こちらも大変な状況ですよ。遠慮せずにお願いしていいのですよ』と言っていただき、応援をお願い

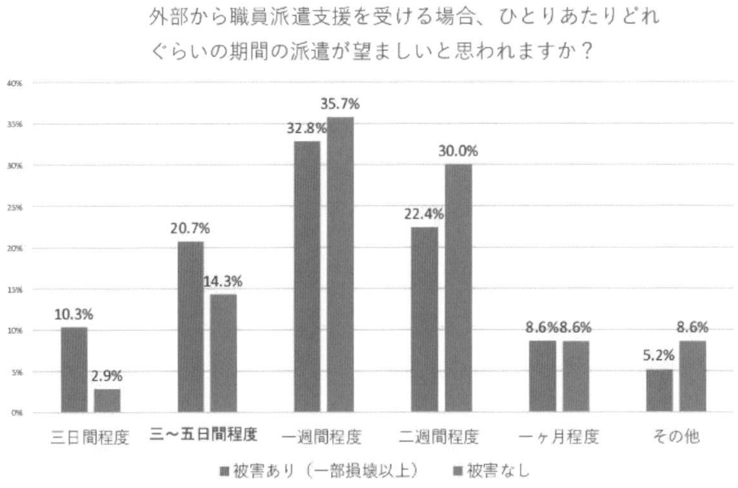

しました。おかげで職員の精神的負担が思った以上に軽減でき、乗り切ることが出来ました。」とコメントがありました。まさに前述の「受援力」の認識が必要だと思いました。

３ 令和２年７月豪雨について

（１）令和２年７月豪雨について

令和２年７月豪雨の浸水による福祉施設の物的被害は高齢者施設 31 か所に上りました。避難所は、７月 12 日時点で最大 2,512 名、避難所数 212 か所となりました。そして、東日本大震災以降で最も多い福祉施設の人的被害となった特別養護老人ホーム千寿園では、14 名が犠牲となりました。

球磨川流域の降雨量

○球磨川流域の各地点の6時間雨量、12時間雨量、24時間雨量は、戦後最大の洪水被害をもたらした昭和40年7月洪水や昭和57年7月洪水を上回り、観測史上最多雨量を記録した。

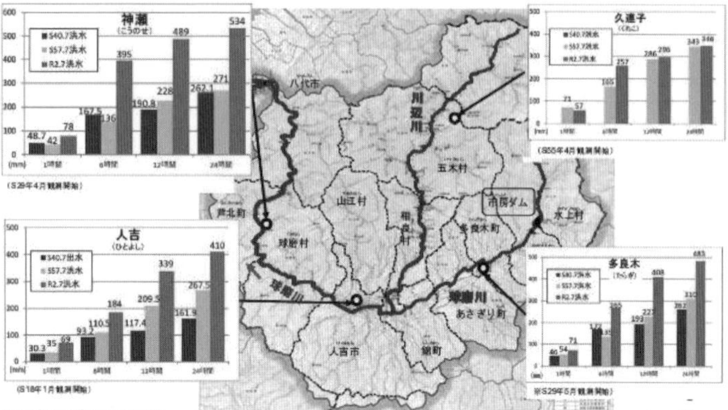

※1)降雨量の計測単位は年次等により異なる。
※2)本資料の数値は「速報値」であり、今後変わる場合がある。

第1回令和2年7月球磨川豪雨検証委員会説明資料(R2.8.25)より転載　5

特別養護老人ホーム「千寿園」の施設概要と被害の概要

○熊本県球磨村の特別養護老人ホーム「千寿園」において、7月4日7時頃に建物の浸水が始まり、全員が避難ができず、入所者14名の犠牲者が発生した。

【施設の概要】
- 平成12年6月開所
- 千寿園(定員40名：広域型特養　定員10名：併設ショートスティ)
- 千寿園別館まごころ(定員20名：地域密着型特養)
- 避難確保計画の作成(平成30年4月)

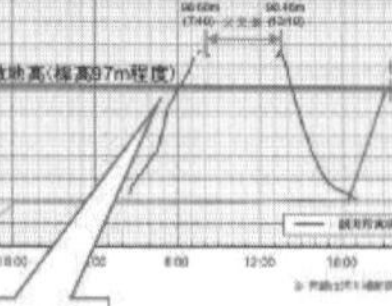

※本資料の数値は「速報値」であり、今後変わる場合がある。

小川の水位(本川合流部より約0.1km)※熊本県の危機管理型水位計

54

（2）熊本県老施協が行った被災地支援（時系列）

日時	対応
7月4日（土）　4時50分	熊本県に特別大雨警報が発令される。
9時	被害地域にある養護老人ホームに被害状況調査を開始 ○直接被害はないが、通勤困難者が多数あり。
13時ごろ	県より千寿園で入居者が心肺停止との連絡 ○固定・携帯電話が不通で確認できず。
17時ごろ	テレビ報道で県知事が心肺停止14名と発表 ○千寿園に連絡つくも全容は不明
7月5日（日）	被害地域で不通が継続 ○日曜日であるため情報把握が困難
7月6日（月）	県より被災状況の情報提供を受ける。 芦北町にある五松園（当会理事）の浸水被害を把握 全国老施協災害対策委員会（テレビ会議）にて情報共有 仮置き物資拠点（松橋町・しらぬい荘）を仮決定 被災施設からの利用者受入が可能か調査開始 （熊本市老施協） ○情報が少ない中であったが、想定できる事から準備
7月7日（火）	五松園の被害を現地視察 ○水没により居室が使えず50名程度の入居者がホールで生活している。移送の必要性を確認 緊急正副会長会議　情報共有
7月8日（水）	仮置き（松橋町・しらぬい荘） 被災地物資拠点（錦町・にしき園）を決定 ○必要物資の配送に備え、早急に決定した。 ○物資拠点施設には快く協力を得ることが出来た。 五松園より利用者移送の依頼受託 （窓口：熊本市老施協）
7月9日（木）	被災施設３施設からの応援派遣要請を受ける。 全国老施協DWATへ応援派遣を依頼 ○コロナ禍であるため県内施設限定からの応援調整 五松園より利用者（70名）の移送マッチング開始
7月10日（金）	緊急物資を全国老施協へ発注（マスク・消毒液など） ○ニーズ調査により感染症予防物品を依頼する。 五松園より利用者（70名）の移送開始
7月11日（土）	応援職員のマッチング業務開始（全国老施協との連携） ○日程や施設間調整などの業務
7月13日（月）	第１陣（３名）を特別養護老人ホームアゼリアに応援派遣 ○３日間の派遣期間を軸として応援 被災職員向けの購入物資を配送 ○浸水により電化製品、カセットコンロ、衣類などを配送

7月14日（火）	五松園の入居者移送完了（66名） ○早急に移送できたことは組織の団結力を感じた。
7月15日（水）	しらぬい荘に全国老施協からの物資搬入 ○施設職員での荷下ろしを依頼
7月17日（金）	にしき園に物資を配送 ○応援施設より配送
7月21日（火）	県内養護老人ホームの空床状況を県に情報提供 ○被災者の当面の生活環境を提供するため
7月22日（水）	コロナ禍であるため、7月末で応援派遣の終了を決定 合わせて仮置き場（しらぬい荘）の閉鎖も決定 ○まだ被災施設には必要な応援ではあったが、応援元の負担もあり理解を得る。 県内軽費・ケアハウスの空床状況を県に情報提供 ○被災者の当面の生活環境を提供するため
7月31日（金）	応援職員派遣終了し延べ94名の派遣完了 ○全て全国老施協DWAT（保険・交通費・日当等負担）の事業で対応し、早期に応援派遣が出来たことは大変良かった。
8月17日（月）	五松園復旧に伴い入居者（70名）の移送開始
8月31日（月）	同上移送完了

（3）当会の活動を振り返ってみて

①　物資の受け入れ拠点及び物資の要望

熊本地震では、会員施設の要望により物資を受け入れることとしましたが、その受け入れ体制構築に苦労をしました。

幸いに会長施設に被害がなく仮置き場のスペースがあったことは良かったものの、大型トラック搬入に伴うスペースや配車時間の調整や荷下ろし人員の確保は会長施設の負担となりました。ニーズに伴う円滑な配送のために、仮置き場の物品整理も初めてのことで戸惑いました。

その経験を踏まえ、今回の令和２年７月豪雨の支援では、直接被災地に物資を運搬することはせず、交通網や他地域からのアクセスのしやすさ、施設の広さ等を確認し、九州自動車道松橋（まつばせ）IC近辺の仮置き施設（松橋町・しらぬい荘）の選定を行いました。また、直接被害がない被災地域内の物資拠点（錦町・にしき園）を選定しました。

物資物品については、今回は地震の際に必要とした水や食料ではなく、コロナ禍での感染予防物品（マスク、消毒液、ウエットティッシュなど）の要望があり、当会で準備できず、全国老施協から多数の物品が集まりました。

また、職員の被災があったために、職員向けに購入した物品を配送しました（バスタオル・衣類・下着類・カセットコンロ・ガスボンベ・炊飯器など）。

今回は水害であったため、施設の車両が使用不能により被災施設にレンタカー３台の貸与を行いました（県老施協負担による）。

応援施設の募集内容については、「１．物資拠点（しらぬい荘）での物資積み下ろし」、「２．物資拠点から被災地拠点（にしき園）への物資運搬」、「３．被災施設（３施設）での介護業務応援」の項目に分けて依頼をしました。熊本地震の際には、物資関係で物資拠点での負担が増加したので、応援を依頼することとしました。しかし、１の物資の積み下ろしは、想定よりも物資支援の要望が少なかったために活動はしませんでした。

② 利用者移送による受入マッチング

今回、芦北町にある「五松園」の浸水被害が発生しました。幸いに人的被害はありませんでしたが、施設機能が著しく低下し、施設の判断により他施設への利用者移送を行うことになりました。

被災地域内での受け入れは困難であったために、本来、県が行うべき調整が当会副会長である熊本市老施協による受入マッチングが行われました。

今回、発災して間もない7月10日から7月14日にかけての早期に移送（66名避難、4名入院）が行われたことは、組織力を改めて実感しました。

移送日	7月10日	7月11日	7月12日	7月13日	7月14日
移送人数	31名	8名	7名	17名	3名
受入施設	16施設	4施設	3施設	9施設	1施設

しかし、定員超過について国からの文書が発出されているにもかかわ

らず、当初は熊本市が難色を示したため、施設側も受け入れが出来ないと回答することがあり混乱しました。熊本地震を経験している当県でありながらも、この緊急事態での時間的ロスが生じたことは反省すべき点です。

また、移送当初は五松園からの受入れをする利用者の情報が少ないことや、連絡手段が施設長の携帯に限られていたため、連絡が円滑に取れずに施設側に動揺もありました。混乱状況ではありましたが、いかに必要な情報が的確に伝達できるかが課題です。

多い施設では５名の受入れをしていただいたことは、人的余裕のないなかにおいて、協力をいただいた施設職員に感謝を申し上げます。その後の施設復旧に伴い、お盆を過ぎた８月17日から８月31日にかけて無事に70名の利用者が五松園に帰ることが出来ました。

4 全国老施協 DWAT による被災支援
―令和２年７月豪雨―

（1）全国老施協 DWAT について

今回の応援派遣事業では、公益社団法人全国老人福祉施設協議会災害派遣福祉チーム（全国老施協 DWAT）の事業を活用させていただきました。この事業は、大規模かつ広域自然災害発生時の被災地域における高齢者福祉施設に対し、迅速かつ的確な専門職種による福祉ニーズの把握・支援等を、全国老施協および都道府県、指定都市（以下、「都道府県等」という）老人福祉施設協議会（以下「老施協」という）の協力のもと行うこと、並びに平時からの全国老施協会員施設における防災対応力向上を目的としています。災害時に会員施設へ直接派遣しさまざまなニーズに対応できるスキームです。なお、福祉避難所の設置は派遣に関係ありません。

チーム編成については都道府県等老施協の判断に委ねられますが、１チームあたり４～６人程度、登録人数は10名程度確保し多職種での登録が望ましいとしています。

熊本地震を経験したことで、筆者が同会の災害対策委員会の幹事をさせていただいていたことから、発災後10日間で第１陣を施設へ派遣することが出来ました。

災害では道路の寸断や生活再建により、通勤困難者が増え、現場職員の確保が困難となります。そこに、いち早く応援できる体制として事業化しております。

全国老施協DWATの支援対象と活動範囲

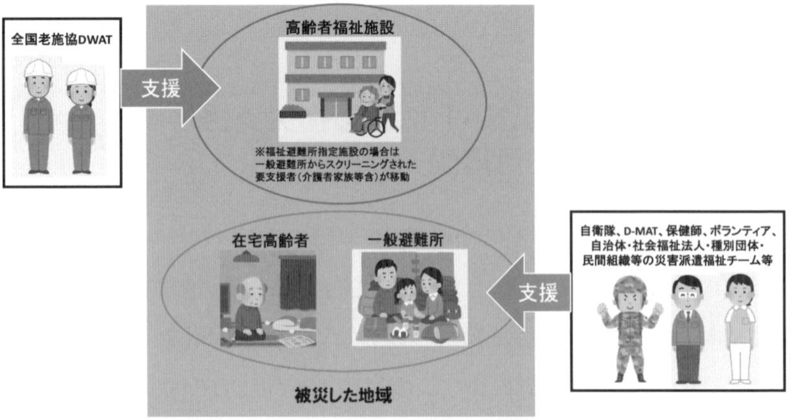

災害時には、自施設での対応では限界がありますので、組織力が発揮できる団体からの支援は必要不可欠ではないでしょうか。今回、利用者の一時移送を経験した五松園の早川施設長も改めて組織の重要性を感じた対応だったと言われています。

(2) コロナ禍での被災支援について

今回は、被災した３施設から介護職員の応援が要望されたので介護職員の応援に限定し派遣（３施設31名、延べ94名）しました。本来、被災した施設の要望に応じ、福祉避難所の運営や施設内の清掃作業等の多岐にわたる要望に応えなければなりません。また、国の応援職員派遣は発災後約２週間余り出発に時間がかかるため、その間の支援を受け持ちます。

以前であれば、全国老施協の事務局が被災施設に出向き、オリエンテーションを行いますが、今回はコロナ禍であるため、派遣先の施設にお願いしました。下記の留意事項は筆者が作成し、派遣先並びに派遣元へ配布し周知しました。

全国老施協 DWAT 派遣に伴う留意事項について

令和２年７月９日
熊本県老人福祉施設協議会

【重要】コロナ禍での活動に際し、受入施設及び応援派遣者の感染予防を徹底すること。 　　また、被災地では自分の事は自己完結すること。

１．派遣決定後の流れについて
①メンバーの確認後、リーダー選出（経験年数等を考慮し事務局から選定）
②チームの役割分担を行う。（車輌・文書管理、食事担当、情報連絡）
③施設混同のチームで対応する場合は、現地集合時間を設定。
④個人の私物を準備する。（健康保険証・運転免許証・薬など　Q&A 参照）
⑤前日は十分な睡眠をとる。
⑥事務局は派遣者名簿を派遣先へ提出する。

２．派遣日当日の流れについて
①渋滞も予想されるので、余裕をもって出発する。
②近隣の被災環境状況を確認する。（道路・商店・ガソリンスタンドなど）
③被災施設到着時には事務局へ連絡すること。
④派遣先管理者（施設長）と面会し、情報共有を行う。
⑤派遣先担当者と面会し、業務調整を行う。
⑥業務終了後は、派遣先担当者と明日の業務確認を行う。

３．宿泊について
①被災地での宿泊なので、職業倫理に照らし行動すること。
②記録担当者は、必要な記録をすること。
③リーダーは業務実績を事務局へ連絡すること。
④十分休息すること。

４．派遣最終日の流れについて
①派遣先管理者及び担当者と面会し、情報共有を行う。
②次のチームが入っていれば、引継ぎをすること。
③解散時、リーダーは事務局へ連絡し、注意点などがあれば申し出ること。
④事務局は派遣元施設へ連絡をすること。

５．派遣先について
①慣れない環境での業務です。暖かい対応をお願いします。
②業務指示の一本化をお願いします。
③お互いの意思疎通をお願いします。

今回、コロナ禍での大規模災害は初めての経験となりました。前述しましたDWAT派遣においてもいろいろと考えさせられました。

本来であれば、九州各県はもとより全国各地から応援をいただきたい状況ではありましたが、そうすることは出来ず、当県だけの対応とさせていただきました。また、県内であっても感染のリスクは軽減できるわけはなく、派遣を受ける施設と派遣する施設の不安のなかでの支援となりました。実際に、派遣元施設近辺で感染が確認され派遣を中止したこともありました。

よって、今回の災害支援を検証する上で、2020（令和２）年10月にアンケート調査（特養154施設、養護34施設、軽費ケアハウス36施設　計224施設　有効回答195　回答率87.1％）を行いました。

今回のアンケートにおいては、コロナ禍での支援をどのように考えているのかお聞きしたかったものです。

そこで、自由記述ではありますが、半数の施設で派遣前後のPCR検査の実施の必要性の回答をいただきました。他施設での活動であるが故に「不安」をいかに取り除くことができるかを検討しなければならない調査結果となりました。

また、熊本地震の際も意見が多かった「コーディネーター役」も必要であるとの意見でした。全国老施協DWATでの養成を行っておりますが、まだまだ十分ではありません。知らない施設での活動では、そのコーディネーターのスキルが重要です。いかにスキル向上を高めていくかが課題です。熊本地震の経験が生かせておらず反省しています。

災害時の支援も数が多くなっており、行政や各種団体からの応援要請など支援過多となっています。被災施設の混乱が生じないためにも災害時に必要とされるコントロール役のコーディネーターが必要です。

【災害支援検証アンケート結果（n195)】

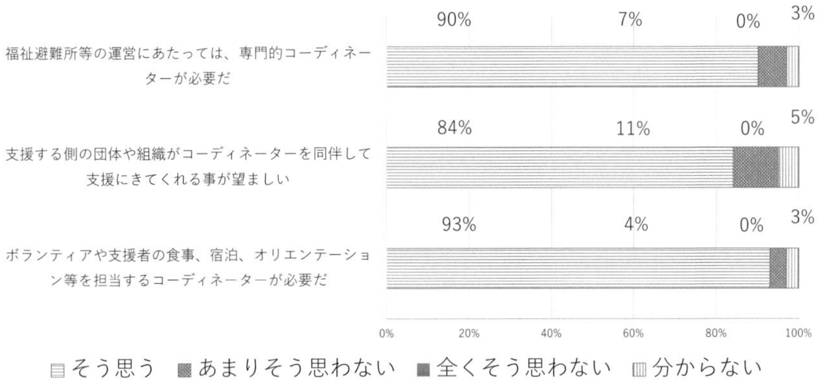

（3）被災を振り返って

今回、寄稿するにあたり当時の振り返りを行うこととなり、当日の情報収集をするなかで千寿園の訃報を聞いた時のショックが今も残っています。安全であるはずの福祉施設で命が奪われたことは今も消えません。

８月 12 日に当施設へ当会会長・副会長で献花に訪れました。暑い日で汗が噴き出る中、ひっそりと静かな施設がありました。約１か月前にはそこに生活があったのに。

施設長・副施設長にお会いし、当時の状況をお聞きしました。すぐそばに穏やかな球磨川、その支流も静かな流れ、大雨では裏山を警戒していたこと、数多くの近隣住民に助けられたこと、道路が寸断したどり着けなかったこと等々。その背負ったものを私たちは聞くことしかできませんでした。

結果責任と言えばそれまでですが、その日その時携わった方々の「行動」に敬意を表したいと思います。

人類は、数多くの災害を経験し克服してきました。

「異常気象」「50年に一度」「想定外」などの言葉をここ最近何回聞いたでしょうか。特に我々が支援する高齢者は災害弱者となり得ます。安全であるべき施設をどう守っていくか。

以前、火災が続いた時にはスプリンクラー設置が義務化されたように、地震や豪雨災害では電源喪失による施設運営停止が想定されます。非常用自家発電装置の設置義務化などで、立てこもること（籠城）が可能となるような政策も求めたいものです。

最後に、組織に属する必要性を改めて感じました。通常の運営では感じることがない、非常時での応援は大変ありがたいものです。同じ状況を分かっているからこそ、的確に対応や支援が出来ます。実際の派遣には繋がりませんでしたが、応援職員の申し出や何か出来ることはないかと問い合わせがあったこと等、その言葉の全てが被災施設に向けられていたことを事務局一同で受け止めていました。限られた時間のなかで、うまくいかなかったこともありましたが、自分のことに置き換えて言葉をかけていただいたことに感謝しています。

当県では熊本地震、令和２年７月豪雨と続けての災害となりましたが、また来るかも知れない災害の備えとして少しでも助けになればと思い、執筆致しました。

このような機会をいただき、ありがとうございました。

【写真・資料提供元】

① 出典：熊本地震デジタルアーカイブ／提供者：熊本市・宇土市・益城町・南阿蘇村

② 資料：令和２年７月豪雨災害を踏まえた高齢者施設の避難確保に関する検討会

③ 資料：気象庁

④ 資料：熊本地震における高齢者介護福祉施設への外部からの支援の実態と課題 安立清史・黒木邦弘・高嵜浩平

第4章

DWAT・DCAT（災害派遣福祉チーム）の実践と課題

はじめに

2011（平成23）年の東日本大震災、2016（平成28）年の熊本地震、2018（平成30）年7月の西日本豪雨、そして2019（令和元）年の大型台風の影響により、甚大な被害が日本にもたらされた。これらの異常気象は今後地球温暖化が進むにつれ、進行していくことが予測され、島国に生きる私たちは、襲ってきた災害と次の災害までの時間を生きているといっても過言ではない。歴史学者の磯田道史はそれを「災間（さいま）社会を生きる」と表現している。私たちは災間社会において、周到な用意ができているのだろうか。また昨今の新型インフルエンザやCOVID-19（新型コロナウィルス感染症）などの大規模感染も、直接被害や間接的な経済被害等を「災害」と捉える余地は十分あり得よう。

災害による影響は、直接的な被害から命がとりあえず守られた後も続き、次の段階では、災害による間接的な被災から命を守る二次災害防止、すなわち災害による関連死を防ぐことや社会生活の再建が重要となる。このようななか、2014（平成26）年の災害対策基本法の改正を契機に、都道府県レベルの災害福祉派遣チームの構築が急務とされ、2016（平成28）年の熊本地震で全国初の都道府県による災害派遣福祉チームの活躍が取り沙汰されている。

本章では、DWAT・DCAT（災害派遣福祉チーム）の実践を検証し、自身が被災地で感じた福祉専門職の必要性とDWATとして被災地で活動したことにも触れながら、今後のDWAT・DCATの可能性について述べてみたい。

❶ 被災地で何が起きているのか

災害とは「個人や地域にとって、それまで営んできた生活の循環を、突如破壊する契機」である[1)]。要は、災害は突然「生活」を破綻させてしまう出来事なのである。大規模災害においては、津波や地震、豪雨等による直接的な被害の多さもさることながら、日を追うごとに、高齢者や障害者、妊婦、乳幼児などの要配慮者を始め、多くの被災者が避難所等において、長期間の避難生活を余儀なくされる。

また福祉施設においては、施設の入所者の安全の確保と他機関との連絡・調整を図り、備蓄を分け合うなどをしながら、不眠不休で介護職員がケアにあたる。2019（令和元）年の台風19号で特別養護老人ホームや障害者支援施設が浸水し、介護職員や救助隊にボートで救助される施設利用者の姿は記憶に新しい。

避難生活が長引くにつれ、持病の悪化やエコノミークラス症候群の発症、夏季では熱中症、冬季においてはウィルスによる感染症や低体温症などに陥る危険にさらされる。そして、生活不活発病による生活機能やADLの低下による要介護度の重度化などの二次被害が増大している。さらに、要配慮者のさまざまな福祉ニーズに対応するための体制が十分に整っていない、あるいは支援側の対応のスキルが十分でないため、支援を必要とする人のこころを痛めることにもつながった例は少なくないとの声があがっている[2)]。

大規模災害は同時にコミュニティをも分断する。昨日まで、普通に地域で暮らしていた住民が、発災直後から被災者となり、一般避難所から仮設住宅、そして災害復興公営住宅へと移行をしていくなかで、繋がっていた関係性が、その都度分断されていく。東日本大震災や熊本地震は、発災直後からの混乱期を脱し、一見落ち着きを取り戻したようにみえるが、今なお避難生活が長期化し、生活再建へ向けたさまざまな困難に直面する被災者も少なくない。

このように刻々と災害サイクルのフェーズが変化していくなかでも、被災した人たちの生命を守り、その後も継続していく生活をみつめながら、被災者に寄り添い続ける福祉専門職は、今後の災害支援では必要不可欠な存在ではないだろうか。

2 DWAT・DCAT（災害派遣福祉チーム）とは

2016（平成28）年に起きた熊本地震において、福祉支援体制として、全国初の都道府県によるDCAT（Disaster Care Assistance Team ＝災害派遣福祉チーム）が派遣された、といわれている。DCATとは「DMAT（Disaster Medical Assistance Team）の福祉版」といわれるように、福祉専門職で構成するチームを指す。時にDWAT（Disaster Welfare Assistance Team）とも表記されている。

災害では人命をどう守るかということが最重要課題である。よって発災直後の「災害による直接的な被災」から命を守る一次被害を防止する活動として、緊急災害医療の専門性が高い組織による救命のDMAT等は、災害対策基本法に基づく国の防災基本計画に位置づけられ、国と都道府県による費用負担が公的な体制として整備されている。しかし、災害による影響は、直接的な被害から命がとりあえず守られた後も続き、次の段階では、災害による間接的な被災から命を守る二次災害防止、すなわち災害による関連死を防ぐことや社会生活の再建に繋げていく、二次被害防止が重要となる[3)]。そのためには、生活を支える福祉支援が災害時にも重要であるということが、2011（平成 23）年の東日本大震災の教訓から、発災直後から機動的に福祉・介護人材の派遣等の対応ができるような、災害時における福祉・介護分野の広域的な支援ネットワークの必要性が明確となった。

　このような災害時の課題を解決するため、国（厚生労働省）は 2018（平成 30）年に「災害時における福祉支援体制の整備に向けたガイドライン」を策定した（図１）。

図１　災害時における福祉支援体制の整備に向けたガイドライン

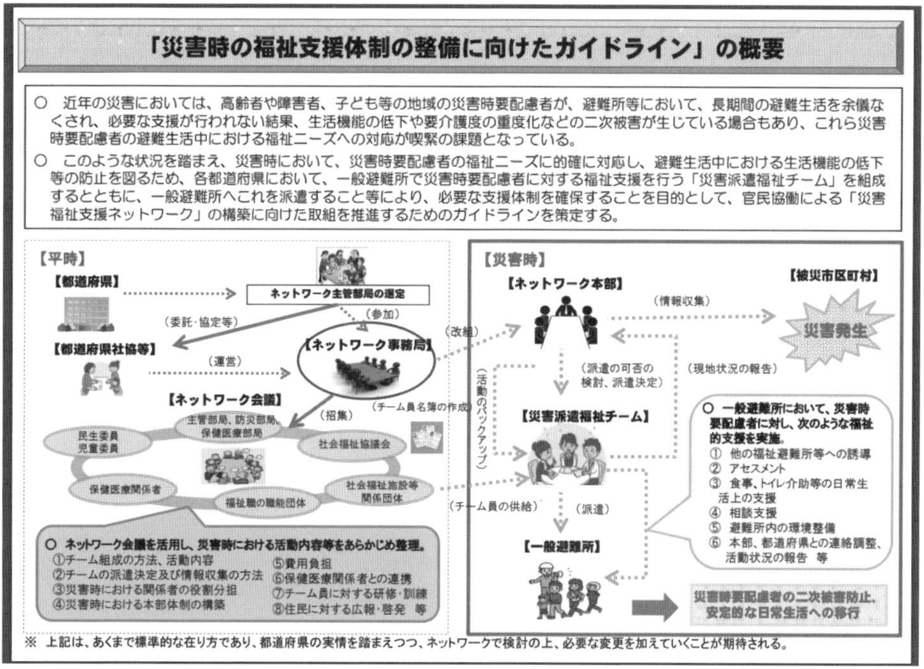

（出所：厚生労働省）

ここでいわれている災害派遣福祉チームの活動は以下の通りである[4)]（図２）。

図２　災害派遣福祉チームの活動

①福祉避難所への誘導
②災害時要配慮者へのアセスメント（健康調査、ラウンド）
③日常生活上の支援
④相談支援（福祉（要配慮者）相談窓口、何でも相談）
⑤一般避難所内の環境整備
⑥本部、都道府県との連絡調整、状況等の報告
⑦後続のチームへの引継ぎ
⑧被災市区町村や避難所管理者との連携
⑨他職種との連携
⑩被災地域の社会福祉施設等との連携

（災害時の福祉支援体制の整備に向けたガイドライン 4.（2））

（出所：㈱富士通総研）

①福祉避難所への誘導

福祉チームが単独で行うのではなく、多くは、市町村の保健師が中心に進められると考えられるため、保健師と連携して取り組むことが想定される。

②災害時要配慮者へのアセスメント

避難者の心身の状況を確認し、健康状況や困りごと等を確認する。従来は保健師が行っているが、保健と福祉の合同チームで行うことで、保健と福祉の目線でより詳細に状況を確認できる。なお、保健師は、「健康調査」とすることが多く、西日本豪雨災害時の避難所ではそのための巡回を「ラウンド」と称している。

③日常生活上の支援

今迄の大規模災害時には、国からの通知によって、避難所を自宅とみなして在宅サービスを提供する、急遽必要となった人のために緊急ケアプランを作成する等ができるようになっている。その場合、被災地域の

社会福祉施設等の事業所が活動できる場合にはそれらを使うことが前提となるが、その確保ができない場合、緊急的に実施する場合がある。また、そこに至らないまでも、ちょっとした支援等が求められる場合がある。しかし、いずれの場合にも「人の力・地域の力」を活かしていくことが大切である。よって、避難者が日常生活に戻ることを前提に、全てを支援するのではなく、なるべく自身で行えるようにする、又は、地域や避難者の互いの支援、いわゆる互助の力を活かせるように促すなどの工夫が必要である。要は「やりすぎる支援」とならないよう注意する。

④相談支援

要配慮者となりうる人は、非日常的な避難生活を行う全ての人という観点から、相談支援として相談窓口の運営又は運営支援を行う。市区町村によって、福祉相談窓口や要配慮者支援窓口として設置を準備している場合は、そこへの参画を想定する。もし、準備されていない場合は、避難所管理者と相談して「相談窓口」を設置し、先述した②で回れない方々への相談に応じることで、その問題が小さい内に解決していくことを目指す。その場合、保健等の他の職種、行政とも連携して「なんでも相談窓口」とする等、広く相談を受け止める場とすることも効果的である。そのなかで話を聞くことで課題の芽を拾い、ソーシャルワークを展開しながら、解決に繋げていく。

⑤一般避難所内の環境整備

避難所生活においても、バリアフリー・ユニバーサルデザインを目指すことが必要である。その場合、段差解消等のハードの改善だけをさすのではなく、掲示板や放送内容等の情報発信の改善や室内空気環境の改善なども含まれる。これらは避難所管理者や保健師などに提案して行うこととなる。

⑥本部、都道府県との連絡調整、状況等の報告

適切な支援を継続して行い、速やかに復旧へと進めていくためには、チームを派遣する本部等が現在の被災地の状況や情報を把握していることが必要である。そのため、活動のなかで確認された内容や状況は、日報等によって各チームの班長やリーダーから避難所運営者や本部等に連絡・報告されることになる。

⑦後続のチームへの引継ぎ

各チームの活動は概ね５日間程度であり、活動終了まで複数チームが継続して支援を行っていくことになる。そのため、チームが変わっても継続可能な支援、被災者主体の支援であることが必要であり、その意識をもってリーダーや仲間と話し合いながら活動を行っていくこととなる。

⑧被災市区町村や避難所管理者との連携

避難所を運営、管理するのは、市区町村や避難所管理者であり、活動に際してはその了解や連携が重要である。必要なことについては相談、情報共有を行うなかで信頼関係を培うことである。

⑨他職種との連携

避難所で健康管理班などが設置された場合は、そこに属することとなる。もし、そうした体制ができていない場合には、保健師をはじめとする他職種と連携して、一緒に支援できる体制をつくる。連携しながらアセスメントや相談業務を行うことは、支援対象となる被災者にとっても重複して聴き取りが行われる等の負担が減るものであり、いずれの活動においても常に心掛けることが必要である。

また確認された課題を、自分や福祉のチームだけで解決しようとすることには限界もあるが、保健・医療の専門職である他職種連携を確実に行うことで、その解決の可能性も高くなる。また、被災地では医療・保

健の専門職以外にも弁護士や行政書士等の専門職、傾聴やサロン活動のボランティア等の活動も見込まれるため、そうした活動を把握し、必要に応じて連携して取り組むことも大切である。

⑩被災地域の社会福祉施設等との連携

被災地域の社会福祉施設等は、福祉避難所への誘導先、緊急入所時の入所先となる。しかしそれ以外にも、「③日常生活上の支援」で述べたように、被災地域の社会福祉施設等の事業所が活動できる場合には、その力を活用していくことも重要な地域資源への支援の一つであることから、その状況を把握し、連携を取っておくことは必要である。

３ 東日本大震災の避難所で感じた福祉専門職の必要性

１）避難所は福祉問題の巣窟

災害派遣福祉チームは、東日本大震災の教訓から、発災直後から機動的に避難所に福祉・介護人材の派遣等の対応ができるように考えられたシステムと前述したが、確かに一般避難所は「福祉問題の巣窟」といっても過言ではない。

筆者は、東日本大震災の発災後、2011（平成23）年４月28日から５月３日まで、介護福祉士として宮城県石巻市の避難所に派遣された。発災後50日前後であったが、まだ避難所には530名の方が避難されていた。当時の知識としては、福祉避難所といわれる場所に介護福祉士として派遣されるものだと思っていたが、連れていかれたところはいわゆる一般避難所であった。最近の避難所支援は、あまり24時間常駐するシステムではないが、この頃は24時間、避難所の被災者への支援を継続的に行っていた。

７日間の滞在のなか、実感として被災者の方々が筆者自身の存在を認めてくださり、心を許してくれるような素振りを感じられたのは、24時間寝食を共にし始めて３日目くらいだと感じている。

【何が必要なのかわからない、相談に乗ってほしいのだが…】

避難所には、多くの求人票と移住先の貼りだしがあった。日中、自身の被災した家の片付けから帰って来られた方が、毎日といってもいいほど、求人票が貼ってあるボードに立ち止まっていた。あまりに多くの求人票と移住先の紙をみて、落ち込んでいるように見えたので、「何かありましたか？」と声をかけると、「たくさん求人があって有難いのだが、自分に何が合っていて、今後何が必要なのか、それを相談に乗ってくれる人がほしい。日中に相談員がいるとは聞いているが、自分は昼間、家の片付けに行っているのでなかなか夕方から夜に話を聞いてくれる人がいない」とのことだった。介護福祉士会は24時間の滞在だったので、時間がある限り、このような相談にも乗ることとした。

日中の避難所は、体育館の中にも陽の光が入り、子どもたちが走り回ったり、若者は日中仕事や復旧活動に勤しんだりと日常が動いている感じがするのだが、夜になるとテレビなども各個人のスペースにあるわけでもなく、特に何かをすることもないため、不安や不穏を訴える人も少なくない。先が見えないなか、必要以上のアルコール摂取をする人もいた。せっかく日中に保健師や社会福祉士等の心のケアにあたれる専門職が赴いているのだが、被災者が必要とする時間帯には不在のため、介護福祉士がその役目を果たしていた。

２）避難所での 24 時間支援の必要性

ちょうど筆者が避難所に入った翌日が四十九日でもあったためか、介護福祉士会のブースに来られる方が多かった。孫を亡くされた方が「孫のために法要をしたくてもできませんが今日から笑ってもいいのかなって思ってます」と話しに来られたり、家も車も全て流されてしまったことを聴いてほしいと夜間に来られる人がいた。泣き崩れる方に対して、筆者たちは話を聴くしかできなかったが、最後は笑顔で戻られていく様子を見ながら、被災者の今話したいという想いを、とにかく受容し続けた。

また、避難所には発災直前まで児童相談所が介入していた家族も避難していたというケースもあり、筆者が避難所に来て５日目くらいに、県の児童相談所の方が介護福祉士会のブースに来られ、「申し訳ないが、今日から数日、A さん家族の様子をメモしておいてもらえないか」という依頼を受けたこともある。確かに、観察していると中学生の娘が避難所の消灯時間になっても、自分の生活のスペースに戻っておらず、他の大人と絡んでいる様子が見られ、一方母親はそれを放置していた。筆者たちは、可能な限り、介入することもしたが、結局母子は、その後どうなったのかわからない。

夜中に子どもが津波の夢をみて、泣きわめくのをどうしたらいいのかわからず、オロオロする母親や、日中被災した自宅の後始末に出向き、頑張りすぎて、日中の疲れで熱発する若者。要支援の母親をみることができない家族。夜間にトイレに行くのが億劫でどんどん水分を控えて、脱水で倒れ、救急車を要請することになってしまった高齢者。精神科への通院歴のある方が睡眠剤を夜間に飲んでおり、朦朧とした状況でトイレに行こうとして、足がもつれてしまい、出入口のドアで頭をぶつけて倒れていた男性への援助など、あの避難所での７日間の滞在期間中は昼夜問わず、ケアに奔走していた記憶しかない。

避難所での夜間の時間を含めた福祉専門職等の常駐は必要不可欠であり、今後、災害派遣福祉チームがその役割を担うということに心から期待したい。

❹ 台風 19 号（2019 年）における DWAT の活動

埼玉県は、災害派遣福祉チームをはじめとした災害時の福祉支援体制の整備に関係機関が連携して取り組むため、2017 年 5 月 26 日に「埼玉県災害福祉支援ネットワーク」を設立した。ここからは、筆者自身が埼玉 DWAT の介護福祉士として、活動したことを中心に述べていく[5)]。

1）避難先の状況

台風 19 号により浸水被害を受けた障害者支援施設の敷地が水没し（図 3）、入所施設や作業棟、グループホーム等が全て機能停止し、40 名の施設利用者は避難を余儀なくされていた。施設利用者を集団で受け入れる福祉避難所は見つからず、避難所に指定されていない福祉センターで受け入れ、埼玉県は避難した利用者に対する職員のマンパワー不足に対して、福祉専門職で組織する「DWAT（災害派遣福祉チーム）」の派遣を決定し、避難した利用者の生活支援を行うこととした。ここの利用者は、いずれも自閉症や強度行動障害がみられ、環境の変化に弱く、突発的な出来事が起きると、不眠障害や自傷行為などに陥り、支援にあたっていた施設職員もかなり疲弊している様子であった。

図３　発災直後の障害者支援施設

２）埼玉 DWAT の活動内容

【利用者に合った生活環境が確保できない】

基本的に利用者は、体育室で日常生活を過ごしている。体育室はバスケットボールコートが２面取れるほどの大きさで、冷暖房完備である。男女の生活空間を分けることは難しく、全員で川の字になって寝ている状態である。車いすが必要な方に対しては、福祉センターが常備している車いすを利用しているが、決して利用者に合ったものではない。また、ブルーシートを敷き、日中でも横になれるスペースが設けてあった。

原則的には同性介助ということで、筆者は３人の女性の利用者に主に関わった。女性陣は、最初は叫んだり暴れたりする様子は見られなかったが、１つしかないフロアのなか、男性陣が落ち着かず、ウロウロし、通常と違う声を上げると、その大声が体育室に反響し、それで不穏になる利用者もおり、落ち着いた生活を送るということは、現実的に難しい状況だった。

特に女性のＡさんは「甘いの（甘い物）！」「甘いの（甘い物）！」という言葉を１日中繰り返し言い続け、それに対して応えなかったり、「後でね」というような態度を示すと、「甘いの～！！」と叫び、バンッと背中からひっくり返り、頭を床にぶつけるような自傷行為があった（結局、Aさんは本当に甘い物を食べたかったかは不明。職員は「いつものこと」と対応されていたが、職員に比べて筆者は時間があったので、根気よく、Aさんの「甘いの～！」に付き合ってみた。すると、2日目あたりから、叫ぶことを止め、目が合うようになるという変化がみられた）。また頻繁に「うるさいんだよー」と叫び、周りにあたることが多かった。彼女は入所施設にいた頃は2人部屋で、もう1人の利用者が居室に不在気味だったこともあり、Aさんは静かな環境で1人過ごすことが日常だったそうだ。しかし、避難生活のなかでは、その環境を作り出すことはなかなか難しく、利用者一人ひとりの不安な気持ちに寄り添えず、行動障害のある利用者に合った生活環境の確保ができず、ストレスフルな状況であった。

埼玉DWATは介護福祉士や社会福祉士、普段から強度行動障害者に対してケアにあたっている者などで構成されており、活動内容としては、福祉センターに避難している、いずれも自閉症や強度行動障害のある方に対して、応急的な生活支援（食事介助・入浴介助・外出同行・洗濯など）で、1チーム5名程度のメンバーで3日間ごとに交代し、計11クールの支援に入った。

人的サポートとして、職員に少しでも休みを取ってもらいたいという思いで支援に入った結果、DWATが入ってから、避難先で24時間のケアが行われている施設職員の遅番の勤務を継続的にDWATが担当することができ、勤務状態は改善されたと伺っている。物品や環境も整っていると言えない状況下での支援は、想像以上に過酷なものだったが、利用者一人ひとりの不安な気持ちにできるだけ寄り添い、施設職員とDWATが一緒に工夫をしながら、日々のケアにあたることができた。

しかし「日々、人間力が試されている感じがします…」とつぶやく職員に、何が今一番不安かと問うと、職員間のメンタルバランスが崩れているとのことだった。もっと和気あいあいとした事業所だったはずなのに、慣れない環境で見通しも立たない中、職員同士がギスギスしてきたようだと話していた。またこの避難生活の中で、自分たちの給与やボーナスの保証があるのか等、いつまで続くかわからない勤務体制に大きな不安を感じていた。

今後は、DAWTやDCATは、被災者の支援はもちろんのこと、このように施設や事業所に対する応援支援活動の場合は、そこで働く職員へのケアも念頭におくことも必要ではないかと考える。

5 DWAT・DCATの可能性

ここまで説明してきたDWAT・DCATは、各都道府県において、一般避難所で要配慮者に対する福祉支援を行う「災害派遣福祉チーム」についてである。他にもDWAT・DCATという仕組みは民間の社会福祉法人等や職能団体（日本社会福祉士会や日本介護福祉士会等）、全国老人福祉施設協議会、日本認知症グループホーム協会等でも組織されている。全国老人福祉施設協議会でのDWATは、発災県内の高齢者福祉施設に対する応援支援活動を行い、日本認知症グループホーム協会はグループホーム間同士で連携・共助（被災を免れたグループホームが被災したグループホームを援助）しようと全国的なGH-DCAT（グループホームDCAT）を組織している。

どのDWAT・DCATでも、できるだけ早期の段階でチームとして被災地を支援する必要があると考える。DMAT（災害派遣医療チーム）は発災直後から動きだす。その後医療チームが引き上げていった後、福祉チームの出番だというきらいがある。その結果、一般避難所では、福祉的トリアージが行われなかったことで、福祉的課題が散見するということがみられている[6)]。被災者の生活再建に向けての動きは、発災直後から生活を見通す必要がある。できるだけ早期に日常生活に戻すためにも、迅速にDWAT・DCATが現地に駆けつけ、被災者の視点に立って社会関係全体に目を配りながら、被災者の生活再建に寄り添うことが求められる。また被災した社会福祉施設や事業所へ派遣されるDWAT・DCATも、利用者へのケアはもちろんのこと、勤務中に被災し、家族を心配しながら災害対応に従事している職員の当面の交代要員の機能を果たすことで、被災した職員自身の生活再建に寄り添うことが可能となる。

以上のことから、県知事等からの派遣命令や組織のトップからの指示が無ければ動けないものではなく、小回りがきき、迅速に動けるDWAT・DCATの整備が必要ではないかと考える。そのためには、DWAT・DCATを受け入れられる受援力の高い地域づくりや平時から医療・介護・福祉など多職種・多機関が連携できるシステムの構築、チームの派遣にかかる経費などの課題の解決が考えられる。

6 災害時の「生活」に向き合う実践知を積む

災害によっていきなり「生活」が破綻しても、そこに「生活」がある限り、その人らしい生活の実現を目指して、安全に、そして自立へ向けての支援を行うのが福祉専門職である。そして、被災者の安心・安楽を基盤として、生活環境整備に気を配り、生活の質の担保・快適さを追究していく。特に福祉専門職は、災害時の混乱と絶望のなか、生活の継続性がままならない状態であるが、「支援するもの」「支援されるもの」という関係性ではなく、「暮らし」にさりげなく入り込みながら、被災者が主体的に自分で暮らしを取り戻そうとする意欲を支援し続けることが可能である。

また災害とは、生活の連続性の分断であり、それは個人だけではなく、環境をも同時に分断する。その再生にあたり、被災者に対して伴走しながら、日常を取り戻していくなかで、福祉専門職として、生活の何が再生でき、何が再生できないのか、生活の何を失ったのか、何が必要なのか、という元々不可知なものである「生活」というものの本質を問い続けることが、「生活支援」の専門職に求められることではないかと考える。

それは福祉専門職が、被災者の生命と暮らしを守るために、災害時の「生活」に向き合う実践知を積んでいくことではないかと考える。災害時でもそこに生活がある限り、環境を整えながら、災害サイクルのフェーズごとに変化する被災者のニーズに合わせた支援を行い、日常性を回復していく。それは全くの「元の生活環境」となるとは限らない。しかし、支援者も被災者も一体になって、自立に向け、意欲を引き出しながら、復興に向き合う支援をし続けることが大切ではないだろうか。

【わしらは復興するよ。それを見に来てほしい】

避難所の廊下では毛布を敷いて生活されている方も多く、夜は、４月といえども非常に寒く、ストーブのまわりに人が集まっていた。ある日、男性の方が 10 人ばかり集まっている時に、筆者を呼び止めた。バタバタ避難所を走り回っているのを、見ていてくれていたのだろうか。「よくやってくれてるねえ。ありがとう」と言われたので、立ち止まって、少しお話しをさせていただいた。

彼らは、漁業で生計を立てられていた方と海沿いの旅館を経営されていた仲間のようだった。津波から命からがら逃げたこと、どうやって津波の後、3日間を過ごしたかということ、自分たちの仕事は全くなくなってしまったことなど、3.11のあの日に何があったのかを話してくださった。悲壮感よりも面白おかしく話してくださるものの、笑っていいのか、しんみりした方がいいのかわからないような状況のなか、話しをしてくれた。その時に「ほたて祭りって知ってる？」と言われた。石巻のほたて祭りがあって、それは毎年10月の第2日曜日にやっていたそうである。自分たちが住んでいた場所、仕事、地域、まち、全てを失った今、何をどうしたらいいかわからないが、そのほたて祭りをちゃんと復活させることが、自分たちの今の目標だと言われた。「2年後には必ず復興するから。その姿を見に来てほしい」と。

おわりに

ここでは、災害派遣福祉チームの実践と課題について考えてきた。東日本大震災から10年経つなかで、福祉専門職の必要性が叫ばれているが、未だに災害派遣福祉チームの社会的認知度が低いのが現実である。もっと「災害時に福祉は何ができるのか」をより深くわかりやすく打ち出し、実践知を積み上げるなかで、災害時の福祉に対する理論的整理を進め、災害派遣福祉チームの社会的承認を得ることで、専門性を発揮できる活動となるのではないか。

福祉専門職は、普段から支援の必要な利用者にとって、近くにいる職種だからこそ、災害で起こる劇的な生活環境の大きな変化のなかでも“阻害因子”を緩和しながら、被災者の生きたいという意欲を高め、福祉専門職自らが“促進因子”となり、生活再建への営みを支え、寄り添っていける存在になりうると期待している。

引用・参考文献

１）﨑浜公之（2017）「被災者と災害ボランティアの共生をめざして－熊本地震の現場から被災者のニーズを問い直す」震災ドキュメント．インプレス R&D.

２）田中雅子（2018）「災害弱者を守るために～介護福祉専門職としての取り組み～」『介護福祉』111：pp７-10

３）名取直美（2016）「熊本地震から考える災害福祉」（http://www.fujitsu.com/jp/group/fri/column/opinion/201607/2016-7-1.html, アクセス 2020.11.25）

４）富士通総研（2020）「災害派遣福祉チームの育成に関する調査研究事業」報告書（https://www.fujitsu.com/downloads/JP/group/fri/report/elderlyhealth/2019saigaifukushi0.pdf、アクセス 2020.11.30）

５）八木裕子（2020）「埼玉 DWAT（災害派遣福祉チーム）の実践と今後の課題」『ライフデザイン学研究』№15：pp387-399

６）原田正樹（2017）「災害ソーシャルワークと DWAT の期待」『月刊福祉』100（４）：pp41-47

第5章

事業継続計画（BCP）の策定の必要性

はじめに

他の章で実際の状況により災害に備える必要性については理解を深めることができたと思います。この章では備えのなかになぜ事業継続計画（以下 BCP）が必要かという点を他の章とは別の視点からお伝えし、実効性のある BCP にするためのポイントについてお伝えします。

＜高齢者施設の BCP 策定率は約３割＞

まず、BCP（Business Continuity Plan）について説明します。BCP は事業継続計画と呼ばれ、災害や感染症などさまざまなリスクに対して、事前に想定し対策を講じることでリスクが発生した後に速やかに事業継続ができるようにすることを目的とし作る計画のことをいいます。また、計画だけを策定しても実効性が高まらないため、P 計画→ D 実行→ C 評価→ A 改善のサイクルを回すマネジメントを含める BCM（Business Continuity Management）：事業継続マネジメントについて考えることが一般的です。全国の福祉医療関係の BCP の策定状況を表１に示します。筆者が静岡県で BCP 策定の支援を始めた 2014（平成

表１　BCP の策定状況

<table>
<tr><th>業種等</th><th>策定率</th><th>補足</th></tr>
<tr><td>高齢者</td><td>29.7%</td><td rowspan="4">※作成済、作成中の割合
※出典『社会福祉施設等における BCP の有用性に関する調査研究事業』令和２年３月　MS&AD インターリスク総研株式会社</td></tr>
<tr><td>障がい者</td><td>22.8%</td></tr>
<tr><td>児童</td><td>22.8%</td></tr>
<tr><td>保育</td><td>17.2%</td></tr>
<tr><td>全病院</td><td>25.0%</td><td rowspan="2">平成 30 年 12 月１日時点
出典『病院の業務継続計画策定状況調査の結果』厚労省令和元年７月 31 日</td></tr>
<tr><td>災害拠点病院</td><td>71.2%</td></tr>
</table>

26）年当初は大規模な入所施設でも策定率が４～５％だったことを考えると全国的に作成は進んでいますが、それでも依然多数の事業所で策定が進んでいないことがわかります。

1 BCP策定が必要な理由

まず、2020（令和２）年12月２日に社会保障審議会―介護給付費分科会にて全サービス共通として『業務継続に向けた取り組み』の強化として、感染症や災害が発生した場合であっても、必要な介護サービスが継続的に提供できる体制を構築する観点から、業務継続に向けた計画等の策定、研修の実施、訓練の実施が義務付け（３年の経過措置あり）となりました（1））。この部分は毎年のように起きる災害による福祉施設の被災から制度として必須事項となったということですが、その他にも筆者が考えるBCP策定が必要な理由を紹介します。

１）要配慮者と立地のリスク

BCP策定が必要な理由の一つ目は、介護保険施設は要配慮者（高齢者）が集まっているということです。施設利用者は2015（平成27）年の介護保険法の改正により原則要介護３ということになり、それ以来特別養護老人ホームでは平均介護度は上昇しています（表２）。最近ではグループホームなど小規模施設でも看取りを実施するなど重度対応は進んでいることからも、より災害に弱い重度者の割合が増えていることがわかります。災害だけではなく感染症でも同様です。2020年に日本国内での感染者が発生した新型コロナウィルスは全国各地の施設で多数のクラスターが発生しました。この新型コロナウィルスは診断された人のうち、死亡する割合（2020年6-8月）は全年齢平均が0.96%に対し60歳以上～69歳で1.24%、70~79歳4.65%、80~89歳12%、90歳以上16.09%となり高齢者がよりハイリスクであることがわかっており、施設にとって脅威となっています（2））。

また、施設の立地についてもリスクが指摘されています。東日本大震災では宮城県の沿岸部は景観が良いところに施設が立地していることから岩手県や福島県に比べて被害率の差が出たことが考えられています（3））。

風水害では水防法等の一部改正につながった2016（平成28）年の岩手県のグループホーム「楽ん楽ん」の事例では9名の方が亡くなり、2020（令和2）年の九州南部豪雨では、特別養護老人ホーム千寿園で14名の方が亡くなるなどリスクの高い土地に施設があることで大きな被害に繋がっています。朝日新聞の調べでは全国の特別養護老人ホームの3割が川の近くの浸水想定区域内にあるというデータもあり、国も「都市計画法」などを改正し危険な区域では新たな社会福祉施設の建設

表2　介護保険3施設の平均介護度

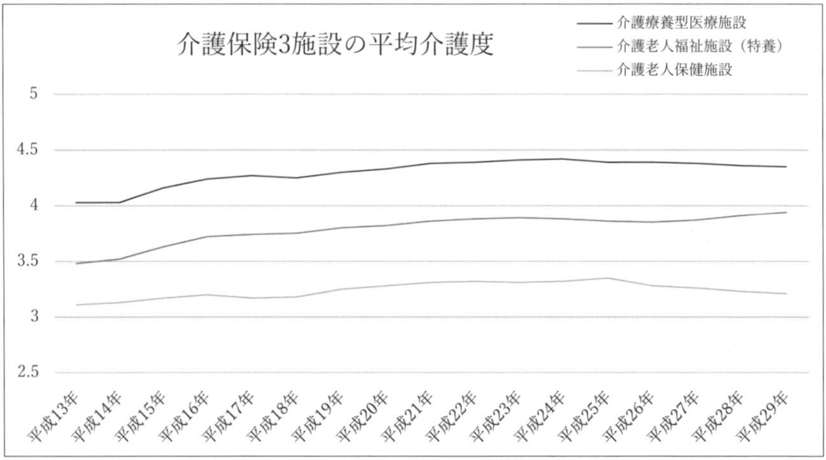

の基準を厳しくするように動いています。そのような動きはありますが、現時点で災害や感染症などに弱い要配慮者がリスクの高い立地にある施設で集団生活している現状があるということです。

2）ボトルネックの拡大

『ボトルネック』とは事業を継続する上での弱点を指しますがワインボトルの一番細くなっている首の部分をイメージするとわかりやすいと思います。ボトルの細い首の部分が詰まると『注』ぐという重要な機能に致命的なダメージを受けてしまいます。介護施設の平時から見られるボトルネック例を表3に示します。災害時は平時の課題が顕在化すると良く言われ、実際に被災した事業所は日ごろからの課題が顕在化し悩まされることが多いです。

実際、西日本豪雨の際に筆者も支援に入った施設では平時から宿直等の職員が不足していた所に災害が発生し、宿直者の不足がより深刻化して一部の職員に大きな負担となっていました。夜勤や宿直業務だけではなく、医療ケアや夜勤業務、請求業務など特定の業務を担う人材が少ない場合はボトルネックに該当します。ボトルネックは事業所によってかなり差がありますので、自施設のボトルネックを認識して進める必要があります。

人材について2019（令和元）年度の介護労働実態調査で介護職員の不足感（「大いに不足」＋「不足」＋「やや不足」）は65.3％となり、5年前の2014（平成26）年度の59.3％と比べ5％以上増えており、全国的に人手不足の状況が続いていることがわかります。この業界全体の人手不足は災害時等に他の施設から応援を求める際にも影響を与えます。厚労省や各都道府県で進めている災害時等の相互支援の仕組みも人手不足により派遣実績が増えにくいという状況で人材不足は業界全体のボトルネックとなっています。今後ボトルネックになる点ではIT等による効率化も考えられます。介護現場では、センサーによる見守り、介護ロボットによる清掃、見守り、コミュニケーション支援、インカムなど導入し業務効率化を図っている施設も多く、その流れは筆者も賛成ですが、一方で電源依存、通信体制の依存が強くなることで停電や通信が不安定になった時の業務負担が増す危険が増している認識とその備えの必要性は今後増加していくと考えています。

表3　<平時から見えるボトルネック例>

項目	内容	主なリスク
人材	職員が少ない	職員の求職や離職による人材不足が深刻になる。
	派遣職員の割合が高い	派遣の撤退などのリスク
特定の業務に関する人材	看護師が少ない	特定の業務ができなくなる。または残っている職員の負担が急増する。
	夜勤ができる職員が少ない	
	請求業務ができる職員が少ない	
	給食が委託業者	委託業者撤退などのリスク
設備等	IT化による効率化 （電源、通信依存度が高くなる）	効率化による人員削減は、災害時等の人材不足につながる。 停電時はITが活用できず通常より業務負担が高くなる。
お金	資金的余裕が少ない	資金ショートなどのリスク
ネットワーク	団体等に加盟していない	外部からの応援が遅くなる、無いなど

3）訴訟

2016（平成28）年８月に岩手県の岩泉町で発生した浸水害で９名の方が亡くなったグループホーム「楽ん楽ん」の事例では遺族が法人を訴え（和解成立）、また2020（令和２）年に発生した新型コロナウィルスでは、新型コロナで亡くなった高齢者の遺族が訪問介護事業所を訴えるケースがありました。まず基本として福祉事業者は利用者や職員の安全に配慮する義務『安全配慮義務』を負っており、災害時も新型感染症でも同様に災害による被害を受けないように、また、感染症であればかからないように配慮する義務を課せられています。その上で訴訟のポイントは『予見可能性』となります。『予見可能性』とは予め予測できたかということですが、災害でいうとハザードマップ上で施設が津波の浸水や土砂災害の危険区域にあることが明記されていればそれらが起きることが『予見可能』となります。『予見可能』な場合にはしっかりと対策が講じられていたかが訴訟の焦点になります。また感染症であれば、ケアする側が感染している可能性（咳や鼻水など初期症状になりえる症状）を有していながらケアをした場合は、『予見が可能だった』と判断されるということもあります。

予見可能なことに対してはしっかりと対策を講じて、利用者、職員の安全に配慮するというのが『安全配慮義務』ですので、それらを理解してBCPを策定することで、万が一被害が出たとしても「予見できることはしっかり対策を講じていたが予見できない事態が起きどうしようも無かった」という結果になり社会的な信頼を維持することと、高額な損害賠償を回避できることに繋がります。

2 BCPの実効性を高めるためのポイント

まず大前提としてBCPは計画でありマニュアルであることです。世の中にあるマニュアルや計画がそうであるように仕様が違うものは使えません。家電で例えるとテレビでもメーカーや機種が違えばそれぞれのマニュアルは違い、使うことができません。BCPも同様です、療養型の施設とケアハウスでは入所者が違うため停電の影響が変わってきますし、山間部と沿岸部では地震の際に起きることは土砂災害と津波とまったく違うことが起き、当然対応も変わってきます。厚労省や各自治体などがBCPのひな型を作成していますが、漫然とその穴埋めで作成したBCPでは施設の違いが反映されていなければ実効性は殆ど無いということです。また、マニュアル自体存在してもそれを上手く使えるかは別の問題です。実際の現場でも「BCPは防火管理者等一部の職員しか見たことが無い」のような状態はよく聞きますが、このような状態でも効果が無いということです。それらを回避して実効性を高めるポイントをお伝えします。

BCP策定アセスメントのポイント

・「ハザード（危険）の確認」「被害想定」

1）個別性を高める

施設の特性にあっていないBCPを医療で例えると、診察しないで立てた治療計画となります。診察をせずに薬や手術を決めてしまう医者は現実的にはありませんが、治療効果が出ないことは想像できると思います。効果のある治療計画を作るためには患者のことをよく知る必要があります。年齢、性別、身長、体重、既往歴、現在の症状、その他などを把握し、必要に応じて血液検査やレントゲンなどの検査を実施して病気の原因や弱い所を見つけ出すことで、患者さんの現在の状況や今後の予測が具体的になり効果が期待できる治療計画を立てることができるようになります。福祉でいうとアセスメントということになり、病気だけでなく、家族構成や経済状況、介護度、自宅の環境などさらに幅広い視点で実施します。医療では診断、福祉ではアセスメントにあたる部分が個別性を高め効果が高い計画作成につながります。

では、BCPに必要な「アセスメント」はどんなことでしょうか？

BCPに必要なアセスメントはいわゆる「ハザード（危険）の確認」と「被害想定」になります。表4にその内容と確認の方法について示します。ハザードは行政発行のハザードマップなどで確認できるので比較的理解しやすいと思います。一方、被害想定は幅があるので迷われる方が多いと思いますが、ハザードごとに分けて考えることがポイントになります。

地震や浸水害、土砂災害、豪雪、新型感染症などを分けて考えることで起きることが具体的に想定でき、対策も具体的になります。同じ市町村にある施設に地震が起きたとしても山間地と沿岸部で土砂災害と津波など起きることが変わり、またライフラインの復旧予測も大きく違いがありますのでその点は自施設の立地や設備の状況を考慮すると良いでしょう。さらに利用者等へどのような影響が及ぼされるかを具体的にすると、施設で起きることがイメージしやすく現場の職員さんの検討や工夫がうまれやすくなります。筆者の研修でも時系列に起きそうなことを並べて、そこから対策を考えてもらうようにしています。

写真1　被害想定を時系列で整理する

表4　自然災害等のハザードの確認、被害想定（イメージ）

	ハザード	被害想定	影響等
地震	震度6強、液状化、津波○ m、土砂災害等	建物の倒壊※、液状化、津波、土砂災害による施設使用可否。停電○日、断水○日、ガスの停止○日、職員の不足、物資の不足等	避難の遅れ、停電により医療機器や冷暖房やエレベーターが使えなくなる。照明の停止により転倒等
風水害	浸水○m、土砂災害等	浸水や土砂災害による施設の使用可否。停電○日、断水○日、ガスの停止○日、職員の不足、物資の不足	
ポイント	行政の発行している最新のハザードマップを活用。ハザードマップは地震と風水害や地域で分かれていることも多い為、それぞれ確認し、最新の物を使いましょう。日数など具体的想定ができるものは具体的にします。職員の不足もできれば○割の職員が一時休職という想定をすると具体的な対策につながります。		

※建物の倒壊は建物の強度による為、築年数や構造も考慮して被害想定を出す。

BCP 策定体制のポイント

・「裁量」「網羅」「固定」

2）BCP 策定の体制

担当者一人でBCPを策定したという話は時々聞きますが、一人で策定したBCPはあらゆる面で実効性が低いと言えます。介護の現場で例えるとケアマネジャー一人で作成したプランと、看護師、介護士、福祉用具事業所、家族などあらゆる人が参加する担当者会議を経て策定したプランくらいの違いになります。一人で策定する具体的なデメリットは、現場の実情と合わない、視野が狭い、決定の過程（なぜその結論になったか）が不透明などがあります。また、離職や異動が頻繁にある福祉業界において、策定者が不在になる可能性も考えると一人で策定することはお勧めしません。

策定するメンバーを決める際は何に注意すると良いでしょうか？

ポイントは「裁量」、「網羅」、「固定」になります。「裁量」の面は具体的には施設長や部長など事業所の経営層に近い人をメンバーにすることです。

BCPでは災害時の指揮命令系統の整理や、事業や業務に優先度をつけたり、財政面などを検討する必要があり、それらを検討し決めることができる人をメンバーに入れることが必要になります。実際、施設長や法人のトップがメンバーになっている所では進むスピードが段違いに違います。

次に「網羅」の部分ですが、検討する範囲が広いので特定の業種や部署に偏らずバランスよくメンバーを募ることで事業全体を網羅するということです。さまざまな業種や部署の担当者がメンバーになることで視野を広げた具体的対策の検討が可能となり、また部署を越えた横のつながりを強くすることで相互補完的な対策がうまれやすくなります。最後に「固定」ですがメンバーを固定するということです。数年にわたり固定する必要はありませんが、特に策定時はメンバーの入れ替わりがあると検討を積み上げることができないため一定期間固定する必要があります。

３）運用

前述の１）と２）は策定時のポイントやその体制についてお伝えしましたが、ここでは策定後の運用についてお伝えします。実効性を高めるためにどのように運用するのかが極めて重要で、最初に策定したBCPの質に関わらずこの運用次第では劇的に変わるというくらい重要なポイントとなります。勿論、策定したBCPが素晴らしいものでもこの運用の部分が不十分だと殆ど活用できないという悪い面にも作用します。運用のポイントはマニュアルと物品と人材の３つの対象を意識することにあります。

マニュアルはBCPそのものについてです。BCPが使いやすいかどうか、目標を達成するためのものになっているかを適宜見直ししていきます。見直し方法は机上訓練を含む訓練を通じて見直したり、一度作成したBCPの被害想定をさらに厳しいものにして対応できるように見直したりしていきます。規模が小さい施設ほどBCP策定に時間やお金をかけることが難しいと思いますが、そのような施設は始めに簡単なBCPを策定して運用で大きく育てることをお勧めします。イメージとしては、最初のBCPはライフラインの停止を３日くらいで策定し、徐々にその日数を増やした状況に対応できるように見直しするという感じです。

次に物品についてですが、BCPを実行するために品目と数が適切か、備蓄食の消費期限の管理、燃料等、定期的な動作確認などがあたります。発電機が動かなくなった、ランタンの中の乾電池が液漏れをしていた、電池が切れていたなどを避けるための確認ということになります。被災地の事例として衛星携帯電話があったが使い方がわからなかったというような話もありますが、その点も踏まえて物品の管理が重要となり、年間の計画の中に物品管理を位置づけることも有効です。

最後に人材についてです。実効性に関して最も重要で難しい部分になります。BCPに書かれていることが実行できる人材を管理するということになりますが、実際に実行できるようになるため「知る」「できる」「教えられる」のステップで分けることができます。BCPのそれぞれの項目や行動をこの３つの視点でどのくらいの人材を育成するという目標設定をして、達成するために研修や訓練を実施することになりますが、それぞれの施設でも介護技術の習熟を評価する仕組みがあればそこに入れて使う方がスムーズで良いでしょう。

表５　人材育成の評価（例）

	内容	知る	出来る	教えられる
初動	食事介助中の地震の対応	□	□	□
	入浴介助中の地震の対応	□	□	□
	地震後の施設内の安否確認	□	□	□
医療的ケア	足踏み式吸引機の活用	□	□	□
	停電時のエアーマットの対応	□	□	□
	在宅酸素の対応	□	□	□

BCP 運用のポイント

・「マニュアル」「物品」「人材」

４）訓練、研修の工夫

先述したように 2020（令和２）年 12 月２日に社会保障審議会―介護給付費分科会にて業務継続に向けて計画等の策定、研修の実施、訓練の実施が義務づけられています（４））。この研修と訓練の実施は BCP の具体的対応力をあげるために非常に重要です。

理想的にはキャリアパスや人材育成のカリキュラムに BCP 関連の目標設定しそれに合わせて訓練や研修を進めていくことですが、一部の法人を除いて実現は難しいのが現状かと思います。またそのような体制をとっていても人材不足で余裕がなく、また入所施設ではシフト勤務が基本になるため１回の研修や訓練で全職員に周知できないという業界特有の事情により簡単ではないだろうと思います。加えて、BCP の範囲は通常の防災以上に多岐にわたります。そのような課題を解決するために、できるだけ効率的に伝達、訓練する方法を確立することが重要になりますので、事例を踏まえてお伝えします。

―空き時間の活用と楽しく運用―

策定した BCP の効率的な伝達の方法として掲示や回覧、動画の活用を勧めています。どの施設でも申し送りや会議など職員が集まる機会は減っていると思います。そんな状況でも定期的にBCPに関することを回覧したり掲示し職員の空いている時間に目を通してもらうと少し周知が進みます。実際筆者は毎月掲示、回覧できる便りを発行しておりそれを導入している施設では、職員通用口に掲示したり、回覧したりするなど活用しています。（画像１）また、静岡の福祉事業所が定期的に集まりBCPについて勉強する「しずおか福祉BCM研究会」では、複数の事業所が共同で防災テストを作成し複数回のテストで具体的数値として評価し周知を図ったケース（画像２）や同会に参加している介護老人保健施設こみにでは、楽しくできるクイズを作り職員で取り組んだ事例もあります。

ポイントはBCPを隙間時間や空いている時間にできる形や分量に切り取り、楽しんでできる形にすることです。また掲示、回覧する資料やクイズを作成する過程で担当者は色々調べ考える機会となり、その機会そのものが育成の機会ともなり、一般職員と担当者それぞれの育成に繋がります。

画像１　掲示

画像２　防災テスト

画像３　防災クイズ

―動画の活用―

最近はタブレットを導入している施設も多いと思いますが、積極的に活用することをお勧めします。防災に関する基礎知識や感染症対策に関しても公的な機関が公開している動画はとても多く、それらの動画を指定してみてもらうようにしたり、訓練の様子を動画や画像に収めて職員に確認してもらえるようにするのも１つの方法です。また、非常ベルや防火扉、消火栓の取り扱いなど設備に関することは設備の業者さんに来てもらって説明してもらい、その様子を動画に収めてタブレットから見られるようにするなど工夫することで、シフト勤務で集まることができない職員さんへの周知も可能になりますし、とても簡単で労力やコストがかからないです。

―できるだけ早く訓練―

また、BCP の策定に注力しすぎて完成までに１回も訓練をやったことが無いという事業所も多いと思いますが、BCP 策定途中に並行して訓練して試すこともお勧めしています。筆者の支援する事業所ではBCP策定のタイミングで最低1～2回の机上訓練を実施します。また、機会を作ることができればBCPに記載していることが実現可能か、またスムーズに実行するために何が必要かを洗い出すために部分訓練を行います。

実際、災害対策本部訓練を実施し必要な物品の洗い出し（画像4）をして、そのまま災害対策本部キットを作ったり、備蓄水だけでは対応ができない大規模災害を想定して井戸水調達訓練（画像5）などを実施して、実際に可能かの検証を実施します。時間を確保するのは大変ですが、少人数でも機会をつくるとマニュアルで確認する何倍も周知が早くなりますし、同時に見直しをすることが可能になります。運用の部分でもお伝えしていますが、「知っている」と「できる」は分けて考える必要がありますが、実際に人や物を動かして確認すると「できる」可能性がグッと上がることが体感できると思います。

画像4　災害対策本部訓練

画像5　井戸水調達訓練

❸ 連携

これまでお伝えしたことは各施設での取り組みに焦点をあてていますが、BCPを考えるような事態はほぼ大規模災害や全国的な感染症の流行などの広範囲かつ深刻な状況だと考えると、他の事業所や団体、企業、個人との連携は必須となります。この連携は拠点が集中してリスクが分散できていない法人や事業が１つしかない小規模法人ほど重要性が増します。連携のポイントについてお伝えします。

―複数・多様が柔軟な力になる―

過去の災害の事例でも県外の同業者から支援を受けたり、同業だけではなくさまざまな企業や個人の援助を受けその時を乗り越えたケースは多くあります。国や自治体、業界団体で整備している災害時の福祉支援体制や各地で整備が始まっているDWATやDCATもありますのでそれらへの登録や活用は勿論ですが、その他にも連携できる体制を作ることをお勧めします。連携の考え方は距離と支援の内容で分けますが、距離でいうと近距離（同じ市内や区域）、中距離（県内）、遠距離（県外でリスクが分散できる所）、支援の内容は経営資源（人、物、金、情報）で分けると良いでしょう。BCP全般に言えることですが、手段は一つの強力な手段よりもある程度活用できるものを複数用意する方が柔軟な力を発揮します。

人材に関しては専門職を考えがちですが、全国的な慢性人材不足を考えると十分な応援が来ることは難しく、専門的な知識が無くてもできる業務を切り分けて支援してもらえるようにすることが重要です。西日本豪雨で施設が被災し数か月避難先で事業継続した特養では、学生ボランティアさんなどに力を借りて乗り切っています。連携も多様性が力を発揮します。

―日ごろからの連携―

数年前に作って忘れ去られている協定書よりも日頃顔を合わせたり一緒に何かを実施することが非常に重要になります。静岡市葵区にある安倍口学区では周辺の介護事業所と障がい者支援事業所の３事業所が協定を結び、毎年地域の総合防災訓練に一緒に参加し、地域住民に高齢者や障がい者の疑似体験をしていただくブースなどを設置（画像６）しています。この取り組みは数年続いていますが地域の災害時の福祉力向上を図りながら、いざという時に連携できる体制を継続しています。実際、2019（令和元）年の台風19号では浸水域にある障がい者の事業所の利用者を、近隣の高齢者施設に一時避難した実践（画像７）に繋がっています。連携も大掛かりな訓練を前提としてしまうと、負担が大きくなって継続が難しくなるので可能な範囲で一緒にお祭りに参加することや、年１回懇親会を実施するなど楽しい行事等と合わせると良いと思います。

画像６　要配慮者体験訓練

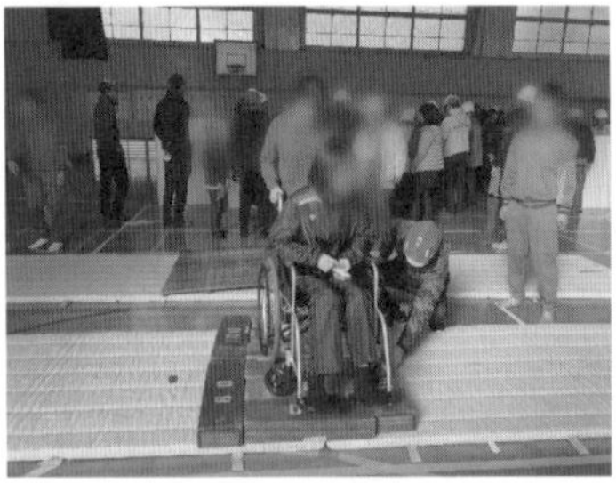

画像７　台風19号時の事前避難

―受援力―

各地でも同業事業所により協定や連携が進んでいると思いますが、その連携を活かすために重要なポイントは受援側の用意です。支援を受ける側に用意が無いと支援が活用されないだけではなく負担になってしまいます。

支援者受け入れの窓口やその内容、また実際何をお願いするのかの整理と説明がしやすいようにすることが重要です。また、複数の法人で連携したり、数週間でのべ数十人程度の支援を考えているなど規模が大きくなる場合には支援を調整するコーディネーターは必須になります。支援を受ける側からコーディネーターを出せれば良いですが、難しいのが現状ですので支援側でコーディネーターを派遣し調整することが現実的かと思います。その想定のもと事前の人材の選定とコーディネーターのやるべきことを整理します。また、県外など広域から人材の応援を受ける場合には、宿泊場所など支援拠点の設置も必要で、被災の状況によっては少し離れた場所に拠点を設置するなど工夫が必要です。そのための資金面などの事前の取り決めも必要になりますが、最近では施設が被災したあとにクラウドファンディングを活用して資金調達したりAmazonの欲しいものリストやスマートサプライを使った物資調達などICTを活用した事例も増えています。より効率よく必要な支援が継続して受けられるようにするという点が重要です。

おわりに

福祉業界は慢性の人手不足でそれがリスク対策に時間や労力をさけない要因になっています。一方で毎年のように発生する災害等によりその備えの重要性は高まっています。今まで以上に短い時間で効率的に対策を講じることが必要になっています。幸いBCPとしても先進的な取り組みも増えてきていることから他の事業所の取り組みを参考にできる状況が出来つつあるので、ぜひ他地域、事業所の取り組みから学び備えを進めて欲しいです。

引用・脚注

1） 介護老人福祉施設（特別養護老人ホーム） 社保審－介護給付費分科会 第183回（R2.8.27） 資料

2） （2020年10月時点）新型コロナウイルス感染症の“いま”についての10の知識 厚生労働省

3） 立木茂雄「高齢者、障害者と東日本大震災：災害時要援護者避難の実態と課題」消防科学と情報（111），7-15，2013

4） 2021年4月から介護報酬の改定にあわせて全事業者にBCP策定を義務付ける（3年の経過措置あり）

第6章

利用者と職員を守る施設づくりについて

―感染対策の経験を踏まえて―

はじめに

2019（令和元）年12月、中華人民共和国湖北省武漢において、集団感染が発生した新型コロナウイルス感染症（COVID-19）は、全世界に拡がりパンデミックとなりました。我が国においても2020（令和２）年１月に初めての感染者を確認して以降、徐々に感染が拡大し、それぞれ４月、８月をピークとする第１波、第２波となり、さらにこれらを超える大きさの第３波は、今年になってようやくピークアウトすることができました。

第１波が収束した６月末、当法人が千葉県松戸市に運営する特別養護老人ホームにおいて、職員が感染し、その後さらに職員２名とご入居者様２名に感染するクラスター（感染者集団）となってしまいました。その時の経験において浮き彫りとなった課題を中心に、新型コロナウイルス感染症から施設の入居者と職員を守るための感染症対策について考えてみたいと思います。

❶ 感染はいつもスーッと足下に忍び寄る

第１波となる感染が徐々に全国に拡がりはじめた３月末、他県に比べてやや遅れて初の感染者を確認した茨城県でしたが、つくば市の老人保健施設においてクラスターが発生しました。その際、当法人施設の職員が濃厚接触者となり、PCR検査を受けることとなりました。施設においては、様々な感染症対策を検討、実施しながらも、どこか対岸の火事のように考えていたところに、スーッと恐怖が忍び寄った瞬間でした。

幸いにも検査結果は「陰性」であり、施設内の感染は確認されませんでしたので、一旦届け出たデイケア（通所リハビリテーション）の休止届も翌日には取り下げ、結果二日間の休止で事なきを得たのですが、濃厚接触者となった職員は1週間のテレワークを含め、念のために3週間出勤することを控えました。正体不明のウイルスに対し、ただただ底知れぬ恐怖感が蔓延し始めた頃でしたから、法人施設内の緊張感が一気に高まったのはもちろん、周辺の関係機関も含めて、非公式な情報伝達や噂話など、かなりざわついたことを覚えています。

とにかく国も地方自治体も、私たち事業者も、すべてにおいて手探りで進む以外になく、直面した課題に対しできる限り善処することと、予期せぬ感染リスクに対しできる限りの備えをすることに精一杯でした。

当法人においては、この時の経験から、新型コロナウイルス感染症に対する法人の考え方、日常生活も含めた福祉施設職員としての行動のあり方、感染を身近に感じた際の情報共有のあり方などをまとめた「職員の行動指針」を4月1日付で第1版を発出し、その後、感染拡大状況に応じて修正を加えて改訂しています。

そして、6月19日には、東京など首都圏の1都3県や北海道の、都道府県をまたぐ移動の自粛要請が解除されるなど、「第1波が概ね収束した」ことを全国民が共通に認識しました。

「今日の午前中、職員がPCR検査を受けてきました。」

松戸の特養施設長から、茨城県水戸市にある本部分室の私にその一報が届いたのは、6月29日（月）の13時40分でした。連絡が遅いことを指摘すると、“昨日は日曜日だったものですから”とのことでした。第1波が去ったことで緊張感が緩んでいた訳ではないですが、やはり、感染はいつもスーッと足下に忍び寄ります。

当然ながら、感染は曜日や時間を選んでくれる訳もありませんし、これまでの経験から災害や事故などは、どちらかと言えば手薄な早朝や夕方、週末に多く発生すると言われます。とにかく、感染についての第一報は、できる限り早い段階で法人施設の担当者に伝達され、次の行動をとるための準備にあたることが大切かと思います。できる限りは、身近な方の周辺で感染を確認したら、その情報は法人・施設内の管理者等の間で共有されるべきです。ですから最低でも第一報は、“明日、PCR検査を受けることになった職員がいます”でなければなりません。

夕方までには検査結果が出てしまうことから、取り急ぎ「陽性」になった場合の対応について確認し、一旦電話を切りました。それから間もなくの14時過ぎに、伝え漏れたことがあって電話を折り返すと、「陽性だったそうです」とのこと。一例目の感染の確認は、第一報の連絡からわずか数十分後のことでした。

ポイント

◆法人・施設において、職員向けの「行動指針」を策定して、全職員に周知する。

＜内容例＞

感染症に対する法人の方針／施設内での感染対策

通勤時や在宅時の注意／会議や集会に対する考え方

労務管理や福利厚生上の取り組み／個人情報保護方針

身近に感染を感じた際の報告・連絡・相談など

◆法人・施設内にコロナ対策本部（理事長・施設長・事務長等）を設置する。

曜日を問わず、情報交換・情報共有ができる体制づくり

（例：電話連絡網・グループウェア・LINE・チャットワークな

ど）

❷ 慌しく焦った状況の中で、できる限り正しい判断をする

１例目となったのは、特養Ａユニットに勤務する介護職員です。４日前の25日（木）の日中には37℃台の微熱を確認し、早退して病院を受診していました。病院では「２、３日様子をみる」として風邪薬を処方され、その後自宅で療養しておりましたが、症状に変化がないので28日（日）に再受診し、翌29日（月）午前中にPCR検査を受けることとなったのでした。

当施設は、個室ユニット型の特別養護老人ホーム70床と短期入所（ショートステイ）10床の合計80床（８ユニット）です。建物は３階建てで、１階フロアに２ユニットと、ほかにデイサービスセンター（30名／日定員）、事務室、厨房、洗濯室などがあります。２階フロアに

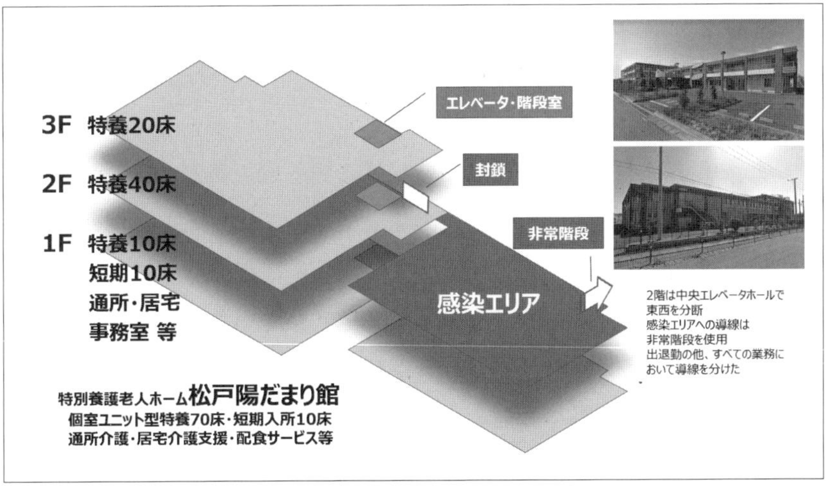

は、中央のエレベータホールを挟んで、東西に2ユニットずつの4ユニット、3階フロアは西側のみに2ユニットが配置されています。その他の事業として、松戸市の委託を受けて配食サービスを40名／日の方に行っております。

まずは、県・市の担当課に連絡をし、感染が確認されたことによる事業の休止について相談いたしました。休止することが余儀なくされたのは、短期入所（ショートステイ）の入退所、通所介護（デイサービス）、配食サービスの3事業です。特養入居者のご家族へはもちろんのこと、休止する事業の利用者やご家族、担当する居宅介護支援事業所の介護支援専門員（ケアマネジャー）にも、まずは電話にて連絡をいたしました。ケアマネジャーは、それぞれの利用者について代替サービスの検討、調整に入りました。

館内においては、松戸保健所のご指導によりゾーニングやコホーティングが行われ、2階のエレベータホール前に仕切りを作り、感染が確認された東側のユニットを隔離しました。当該ユニットの職員の出退勤などは、すべて非常階段を使用し、他の職員と不用意に接触することないよう導線を分け、感染エリアの出入口には、ガウンやグローブ、フェイスシールド、消毒液などを備え、感染エリアへの出入りの都度脱ぎ着し、使用したガウンやグローブ等は廃棄するようにしました。

一方、感染者本人を含む現場の職員への聞き取りなどから、直近1週間の行動について確認し、保健所の見立てで、1例目となった介護職員との濃厚接触者について、30日（火）にPCR検査を行うこととなりました。検査は、当施設の嘱託医に施設に出向いていただき、検体を採取することとなりました。濃厚接触者が特定され、感染エリアの線を引いたとはいえ、それ以外の範囲の入居者や職員は、果たして本当に安全なのかがわからないため、高い緊張感と不安感が施設内に一気に拡がりました。

感染確認後は、施設内は急激に慌しくなります。焦りや不安、恐怖、高い緊張状態の中で様々な対応が迫られ、その都度できる限り正しい判断ができることが求められます。情報の伝達・共有ひとつをとっても、いつ、だれに、どこまでの情報を、どのように伝達するか、咄嗟に正しい判断ができるか難しいものです。

３ 最も優先されるべきは「個人情報の保護」

今回の新型コロナウイルス感染症においては、感染者の情報は厳重に保護されており、感染者自身の同意なく公表されることは絶対にありません。それは、ひとたび周辺に知られることになると、単なる噂話に留まらず、誹謗や中傷、あらぬ差別的な行動へ発展するケースが、全国的にも多く見られたからです。

そのため、行政機関はもちろん医療機関など、具体的な感染の情報を把握しながらも、すべての正しい情報を開示することができません。「正しい情報を早く知りたい、伝えたい」と思う私たち市民の気持ちが、かえって不必要な憶測や詮索を招き、風評被害を拡大させてしまうこともあります。

当法人では、「職員の行動指針」において、万が一職員自身が感染した場合として、「一般に公表する職種等の内容については、自身が同意できる範囲で構いません。施設・事業所名などの公表については、当会としてはすべて公表に同意しています。」と明記しました。いざという時に職員が判断に迷うことを一つでも減らしたいという思いからです。

また、今回の感染についても、感染が確認された翌日には、当法人のホームページにおいて公表し、感染拡大が収束するまでの３週間以上にわたり、毎日更新して日々の状況を報告しました。感染の当事者である施設が、伝えられる範囲での正しい情報を随時、誠実に発信することこそ、誹謗や中傷、風評被害を防ぐことにつながると信じて実行に移しました。そのことにおいて、施設に勤務する職員等が差別的な被害を受けたこともありませんでした。

これを機に、施設内外の情報の伝達・共有において、感染を身近に感じてから感染が確認されるまでの段階で、どこまでの情報を、どの範囲まで共有するかを示した「情報共有ガイドライン」を作成しました。職員、ご利用者様・ご家族様、関係機関・事業所、地域社会に対して、原則としては「正しい情報を速やかに」共有したいとしながらも、最も優先されるべきは、やはり「個人情報の保護」です。結果として、感染者等が誹謗や中傷、あらぬ差別を受けることがあってはならないと思って

新型コロナウイルス感染症に係る感染リスクの度合いに応じた情報の伝達・共有の目安			情報を伝達・共有する対象者												
			法人施設・事業所内						外部機関・関連施設						他の利用者・家族・地域
			理事長・施設長等	管理者・事務長等	相談員・ケアマネ等	主任・副主任等	リーダー・職員等	全職員	利用者の担当ケアマネ	近隣施設・事業所	関係医療機関	県保健所等	県・市担当課	県・市老施協等	
行政・報道・その他の関係者等からの情報を得て															
①	所在する市内で感染が確認された場合（公式発表以上の詳細は不明）		●	●	●	●	●	●	●	●	●	●	●	●	●
②	所在する市内で感染が確認され、公式発表以上の詳細を確認した場合		◎	●	●	●	●	●	●	●	●	●	●	●	●
職員または居宅介護サービス利用者等（原則として本人）からの情報を得て															
③	同居家族等（※）と接触のあった知人等が	濃厚接触者・感染疑いのため検査をしている	◎												
④	〃	検査の結果感染（陽性）を確認した	◎												
⑤	本人と接触のあった知人等が	濃厚接触者・感染疑いのため検査をしている	◎												
⑥	〃	検査の結果感染（陽性）を確認した	◎												
⑦	本人と同居するご家族等が	濃厚接触者・感染疑いのため検査をしている	◎	◎	○				○						
⑧	〃	検査の結果感染（陽性）を確認した　＝⑨	◎	◎	○	○	○	○	○			○	○		
⑨	本人が	濃厚接触者・感染疑いのため検査をしている＝⑧	◎	◎	○	○	○	○	○	○	○	○	○		(○)
⑩	〃	検査の結果感染（陽性）を確認した	◎	◎	○	○	○	○	○	○	○	○	○	○	○

※「同居家族等」とは、同居家族同様に接触のある方を含む
●…公開されている情報
○…業務上知り得た情報（一部の個人情報は保護）
◎…業務上知り得た情報・当事者からの個人情報

います。

マニュアルやガイドラインを作成して職場内に共有し、有事に備えておくことは大切なことだと思います。前述したように、慌しく焦った状況でできる限り正しい判断をするためにも必要なことです。しかしながら、今回の新型コロナウイルス感染症の対応は常に手探りであり、特に感染情報の伝達・共有については、その都度慎重に判断をしなければならないこともあります。「すでにマニュアルで決まっているから」といって、安易に判断してしまうと取り返しのつかないことになってしまうこともあります。

例えばですが、①保育園から「園児の保護者に感染が確認」、②行政機関から「市内在住20代女性２名の感染が確認」、③感染者の勤務先からの「当店従業員の20代女性２名に感染が確認」といったように、それぞれは個人情報を保護しながら公表したとしても、すべての情報を突き合わせてみると「感染した保護者って○○勤務？」「○○ちゃんのママらしいわよ」と、保護したはずの情報は明らかになってしまいます。もしも勤務先が、いわゆる夜の街関連であったとしたらどうでしょうか。過度な噂話からあらぬ差別を招いてしまうかもしれません。

多くの場合、正しい情報は保健所等の行政機関が持っています。特に情報の伝達・共有に関しては、保健所等の指導に応じた方が賢明だと言えます。

ポイント

◆初動の対応をリスト化しておきましょう。

＜対応例＞

保健所・市町村行政との連携／感染者等からの情報収集

法人・施設内の情報共有／休止するサービスの届出

利用者・家族への連絡（方法）／施設内全員の健康観察

館内の消毒作業やゾーニング・コホーティング

衛生用品・防護服類の確認／シフト調整

人的・物的支援の要請など

◆情報共有ガイドラインを作りながらも、その都度検討し判断をしましょう。

正しい情報を持っている行政機関の指示に従うことが賢明

④ 施設内１例目を早期に特定し、隔離すること

それでは、あらためて施設内の感染拡大の経緯について、まずは１例目から３例目までの感染確認を振り返ってみます。（表「感染拡大の経緯（１例目～３例目）」参照）

前述のとおり、29 日（月）に１例目となった職員は、25 日（木）にはすでに体調不良で早退、病院受診し「数日様子をみる」として、自宅療養をしておりました。症状が変わらないことから 28 日（日）に再受診して、翌日に PCR 検査となりました。

１例目の濃厚接触者については、30 日（火）に施設内で PCR 検査を行い、その日のうちに全員「陰性」との連絡が入りました。ただし、すでに前日から体調不良で欠勤していた職員には、自宅近くの病院で PCR 検査を受けてもらっており、翌１日（水）の朝に本人からの電話連絡があり、「２例目の感染確認」となりました。

２例目となったのは、１例目の勤務するＡユニットと隣接し、夜勤などで協力関係にあるＢユニットに勤務する 30 代男性介護職員でした。１例目と２例目の職員の勤務シフトと業務を確認したところ、23 日

感染拡大の経緯(1例目～3例目)

		日	月	火	水	木	金	土
		21	22	23	24	25	26	27
1例目	Aユニット職員	出勤	出勤	出勤	公休	早退 受診	欠勤	欠勤
2例目	Bユニット職員	出勤	公休	出勤	夜勤	公休	出勤	出勤
3例目	Bユニット入居者	在館	在館	在館	在館	在館	在館	在館
		28	29	30	1	2	3	4
1例目	Aユニット職員	欠勤・受診	検査・陽性	入院	入院	入院	入院	入院
2例目	Bユニット職員	公休	早退 受診	欠勤・検査	陽性 欠勤	入院	入院	入院
3例目	Bユニット入居者	在館	在館	在館	検査 陽性	入院	入院	入院

（火）が互いに遅番勤務であり、入浴介助を共に行っていること、その際にお互いにマスクを外していたことも確認できました。真夏の時季に行う入浴介助業務がどれだけ過酷かは、現場の職員の方であれば容易に想像できると思います。コロナ禍とは言え、その浴室内にいる時間だけマスクを外していたことを、責められる訳もありませんでした。

２例目を起点にした濃厚接触者を特定し、午前中のうちにPCR検査を実施いたしました。その結果が夕方18時頃に届き、２例目は勤務するＢユニットのご入居者様１名が「陽性」となってしまいました。３例目となったのは、90代女性のご入居者様です。少なくとも検査によって感染が確認されるまで、発熱等の症状は見られませんでした。

一般に、新型コロナウイルスの潜伏期間は１～14日間とされており、感染から発症するまでの平均期間は５～６日ほどとの報告があります。また、発症する２日前から発症後７～10日間程度が感染可能期間、いわゆる人にうつしてしまう可能性のある期間と言われています。

このことから考えても、2例目の職員は、23日（火）の勤務中に1例目の職員から感染した可能性が高く、また3例目のご入居者様については、感染者との接触の度合いや、感染確認の時点でまだ発症していなかったことから推測して、2例目の職員から感染した可能性の方が高いと推測できます。

つまり、1例目の感染が確認される1週間前には、すでに2例目に感染しており、1例目が風邪薬を飲みながら自宅で療養している間にも、施設の中では感染拡大が進んでいたということになります。タラレバの話になってしまいますが、もしも1例目の職員が体調不良で病院受診をした際に、「数日様子をみる」のではなく、「念のためにPCR検査」をしていれば、1例目、2例目を早期に特定し隔離することができ、もしかしたら3例目への感染拡大を防ぐことができたのではないかと考えてしまうのです。

これ以降、業界団体等を通じて、「施設内1例目となる方の早期発見・早期隔離のために、福祉施設の職員が体調不良で病院を受診した際には、積極的にPCR検査等を行っていただくこと」を訴えてまいりましたが、11月18日（水）、公益社団法人全国老人福祉施設協議会をはじめとする介護4団体の代表者が、菅義偉内閣総理大臣に直接「要望書」を提出したことによって、一気に検査体制の拡充とその徹底が図られるようになりました。総理との面会の機会を作っていただいた、全国老施協常任理事そのだ修光参議院議員には心より感謝いたしております。

ポイント

◆職員等に発熱等の症状がみられたら、すぐに勤務を外し、必ずPCR検査等を受ける。

“私は、高齢者施設に勤めています。検査をお願いします”

特に“心当たり”があれば、それも医師や管理者等に報告

◆職員がPCR検査を受けた場合、結果が出るまでは、施設内の警戒レベルを引き上げておく。

法人施設内の情報共有、初動対応リストの確認・準備

◆日頃から職員全員で標準予防策（スタンダードプリコーション）の徹底をする。

いつ誰が感染していてもおかしくありません。他人にうつさないためにも必ず“マスク着用”を

5 要介護高齢者等が感染したら即時入院の措置を

1日（水）の18時頃に3例目となるご入居者様の感染が確認され、保健所が入院の手配をしているとのことでした。ご家族様にも電話で状況をご報告し、入院手続き等のために待機をしていただきましたが、2時間が経過しても一向に入院先が決まりませんでした。

20時が過ぎる頃、保健所から「本日中の入院はできない」との連絡が入りました。夜間の医療・看護体制を持たない特養において、さらには入居者20名に対し1名の介護職員が対応する「夜勤」の時間帯において、個室とは言え感染が確認された方を施設内で看ることは感染を拡大させる恐れがあります。何とかその夜のうちに医療機関へ入院させていただけるよう、できる限りの手を尽くしたのですが、残念ながら叶いませんでした

3例目のご入居者様は、認知症状があり自立歩行が可能な方です。常時マスクを着用していただくことや居室内でお過ごしいただくことも、

十分には理解が難しいことがあります。保健所では、それが入院の受入れができなかった理由ではないとしていますが、病院とは言え夜間は手薄になりますから、判断の要因の一つになったとは思っています。

やむを得ず、当該ユニットの夜勤職員を１名増員して対応することといたしました。ウイルスが確実に身近にあるとわかっている状況で、夜間の手薄な現場に立つことは、相当な緊張感と恐怖感、強いストレスが職員を襲います。幸いその夜は良眠され、翌日も食事などは居室内で済まされるなど、概ね落ち着いて過ごされておりましたが、夜勤に対応した職員は自身への感染の不安もあり、疲労困憊でした。

結局入院ができたのは、翌日２日（木）の13時過ぎになってからのことでした。すでに感染の確認された３名は全員入院となり、施設内の検査対象者はすべて陰性の確認が取れています。何とかここで感染拡大を食い止めようと、最大限の感染防止策を講じていました。とは言え、極度の緊張感と不安の中で、職員の中にも少しずつ疲れが見え始めました。少しでも体調不良を感じれば、休んでPCR検査を受けるなど、細心の注意を払いながら、またお互いに励まし合いながら日々の業務をこなしていきました。

３例目が確認されてから４日が過ぎ、もう大丈夫だろうかという気持ちが頭をよぎるようになってきた６日（月）、４例目の感染が確認されてしまいました。（表「感染拡大の経緯（３例目～５例目）」参照）

４例目となったのは、３例目と同じユニットに入居されている80代の女性です。３例目が確認された１日（水）の検査においては「陰性」との結果が出ておりました。その前後の体調も良好でしたし、発症した時期から見ても、感染したのは１日（水）の昼前に実施した検査以降に、３例目から感染した可能性が高いと考えられます。

もちろん３例目の方が即日入院できなかったことが、直接の原因とは

感染拡大の経緯(3例目～5例目)

		日	月	火	水	木	金	土
		28	29	30	1	2	3	4
3例目	Bユニット入居者	在館	在館	在館	検査 陽性	在館 入院	入院	入院
4例目	Bユニット入居者	在館	在館	在館	検査 陰性	在館	在館	在館
5例目	他のユニット職員	他ユニット	他ユニット	他ユニット	他ユニット	他ユニット	出勤	検査・陰性
		5	6	7	8	9	10	11
3例目	Bユニット入居者	入院	入院	入院	入院	入院	入院	入院
4例目	Bユニット入居者	在館	受診 陽性	入院	入院	入院	入院	入院
5例目	他のユニット職員	公休	出勤	出勤	公休	欠勤・受診	検査 陽性	入院

言い切れませんが、常勤医師の配置のない、夜間の看護体制のない特養等の高齢者福祉施設において、感染が確認された場合には、原則として即時入院の措置を講ずる必要があると考えます。

いずれにしても、４例目の感染確認は、現場においては衝撃でした。「断ち切った」と思った感染の糸が、まだ繋がっていたことがショックでした。そして、４例目からの更なる感染を恐れて現場に緊張が走りました。

ポイント

◆高齢者施設の入所者が感染した場合は、原則入院となっているが、地域の感染状況や感染病床の空き状況によっては、入院調整に時間のかかることがある。

◆感染者が館内に滞在する場合は、保健所の指導によるゾーニング・コホーティングの徹底。

◆認知症状等によって、他者へ感染を拡大させるリスクが高いと判断される際は、身体拘束の検討も。

❻「安全＝安心」となっていない

施設内で最初の感染が確認されて以降、施設内で生活をされているご入居者様や従事している職員はもちろんのこと、それぞれのご家族様につきましては、感染に対する不安が拭えない状況が続いておりました。

当初より、施設としては、館内に生活、従事している全員のPCR検査を、県に対して要望をしてまいりましたが、行政検査の対象はいわゆる「濃厚接触者」の範囲に限られておりました。県の担当部長とお電話した際には、「(行政検査の対象は）安心で線を引いているのではなく、安全で線を引いている。その見立てに間違いは無い」とのことでした。とは言え、検査の対象とならない職員らは不安が拭い切れず、「安全＝安心」とはなってはおりませんでした。

職員の中には幼児や高齢者と同居している方もあり、感染を持ち帰ってしまうことへの心配から自宅に帰れずに、車中泊をした職員もおりました。こうした自宅に戻り難い職員に対しては、民間宿泊施設を借り上げ利用してもらいました。また、同居家族の中に、我々と同じような介護従事者や自衛隊勤務の方があり、それぞれの職場から「同居家族の中に感染の疑いがある以上は、勤務を控えるように」と言われてしまっておりました。こうした状況からも、やはり早期に館内の全員に対してPCR検査を行うことが必要だと考え、たとえ費用はかかっても全員に対して任意での検査をしていくと、法人の方針を固めました。

そうした施設の要望と状況を知った松戸市が、緊急に検討していただき、市の全額負担で施設内の全員に対するPCR検査を実施することを

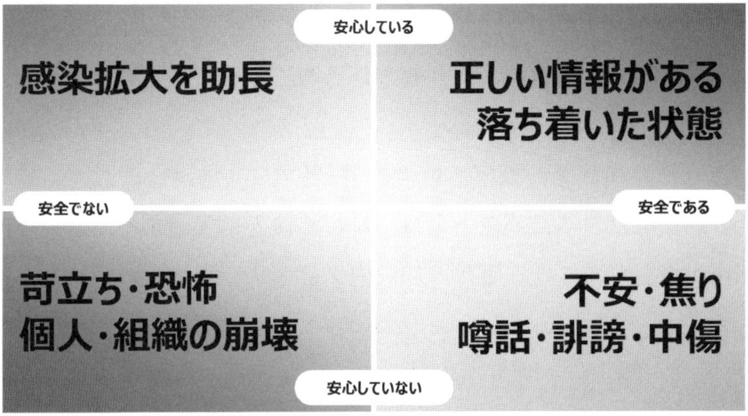

決めていただきました。以前に市内の老健施設でクラスターが発生するなどしていたこともあり、介護施設での感染拡大防止について検討が重ねられていたとは言え、本当に大きなご決断であったと思います。

それから、施設内の入居者、職員全員について、数日に分けてPCR検査を実施いたしました。その結果、保健所の示した「安全で線を引いた」ところからは、誰一人として陽性の方は見つかりませんでした。つまり、「保健所の見立ては正確だった」ということになります。検査は、検体を採取した時点での感染の有無について確認するものであり、検査精度の上からも概ね３割の確率で「偽陰性」などが見られるなど、必ずしも現時点での「安全」を保障するものではないことは承知をしております。

しかしながら、“検査時には陰性”という結果が、個人に与える安堵感は大変大きいものがあります。特に職員は、常に高い緊張感と恐怖感に苛まれながら現場を支えてくれていますので、少しでも不安を払拭できたり、ストレスを軽減させたりすることによって、精神的、肉体的に疲弊することを少しでも和らげることが大切です。感染のある現場において、疫学上の感染症対策はもちろん重要ですが、「明日も頑張れる」という気持ちを切らさぬよう、繋ぎ止めることが何よりも大切かと思います。

これも業界団体等の要望活動の成果として、「施設内において感染が確認された際は、当該施設の全員に対して検査を実施する」と検査体制の拡充がなされてきたことは、施設内クラスターを防ぐためにも、職員等の不安を払拭するためにも重要です。しかしながら、検査精度が100%でない以上は、保健所の見立て、いわゆる“濃厚接触者”のラインは、必ず確認しておく必要があります。

特養には、入居者の健康管理と必要な医療措置を講じる目的で医師が配置されています。しかしながらその多くは「常勤」ではなく、近隣の病院や診療所に勤務する医師との「嘱託契約」により、入居者の「かかりつけ医」として配置しているものです。

今回の施設内感染を受けて、保健所から「施設内で行うPCR検査は、施設の嘱託医が行う」とされ、感染確認後の行政検査から、当施設の嘱託医にその対応をお願いしておりました。しかしながら、対応した嘱託医が日頃勤務している病院から「自宅待機」との業務命令を受けてしまいました。

検査を実施した際には、当然ながらPPE（個人防護具）をフル装備で着用していましたので、濃厚接触には当たらないと思いましたが、本来の勤務先である病院や先生個人にもご迷惑をおかけする訳にもいきませんでしたので、その後の検査対応は、近隣地域内で対応していただける医師を、その都度、施設の方で手配することとなりました。

介護老人保健施設の場合は、基本的には医師である施設長が行うこととなると思いますが、特養や介護付有料ホーム等の場合は、契約している嘱託医等と、万が一の際の対応について事前に協議しておく必要があります。また、医師の配置の無いケアハウス・グループホーム等は、「検査は誰が行うのか」を事前に保健所等に確認しておきましょう。

ポイント

◆施設内に感染が確認されたら、当該施設の全職員・利用者に対し検査を行う。

仮に全員が陰性であっても、いわゆる“濃厚接触者”については、要注意・要観察

◆施設における PCR 検査を誰が行うことになるのか、事前に確認しておく

配置医師（常勤・嘱託医等）と協議・確認、保健所等に確認

⑦ ５例目の感染確認――クラスター報道

恐れていた、何としても食い止めたかった５例目の感染が７月 10 日（金）に確認されてしまいました。５例目となったのは、３日（金）から感染ユニットに応援に入っていた 30 代男性介護職員です。それまでは非感染エリアの別ユニットで従事しておりましたが、感染ユニットの人員補充のために配置換えしたのでした。４日（土）には館内で PCR 検査を受け「陰性」となっていたにも関わらず、断ち切れていなかった感染の糸が、さらに繋がってしまいました。

保健所からは、５人目の感染が確認されれば、報道機関等への報告となることを事前に言われていましたし、法人としても感染確認の当初からホームページ上では毎日の状況報告をしていましたので、報道される

こと自体は特に気にしておりませんでした。とは言え、テレビや新聞各社による報道となると、それまで事実を認識していなかった地域住民の方々をはじめ県内外の福祉関係者等に不安を拡げてしまうのではないかということ、また何より施設に勤務する職員やその家族が風評被害を受けるのではないかと心配でした。

11日（土）、千葉県による報道機関への報告を受け、その日の午後には遠巻きに施設を撮影するクルーが確認されるなど、外から向けられる視線を感じていました。夕方のネットニュースや翌日の朝刊各紙において「松戸特養クラスター」との報道となり、感染拡大の事実はより広く周知されることとなりました。施設の方に数件の無言電話があったぐらいで、特に誹謗や中傷を受けることはありませんでしたが、単にクラスターとなったその事実のみを報道されることによって、職員の多くは少なからず罪悪感のようなものを感じていました。

そんな折に、私の方にNHK社会部の記者からお電話があり、コロナ禍において高齢者福祉施設が抱える不安や、実際にクラスターが発生した現場の実態について話してほしいとの取材依頼を受けました。感染した職員２名はすでに退院してはいるものの、未だご入居者様を含む３名が入院している状況でテレビ取材をお受けすることはいかがなものかと迷いましたが、これまで記述してきたような、感染が発生した現場で浮き彫りになった課題について、より多くの方に知っていただいた方が良いと考え、恥を忍んでお受けすることといたしました。

取材自体はオンラインで結んで遠隔で行い、編集されたものが20日（月）の夜７時台と９時台のニュース等で大きく取り上げていただきました。放送後、私を知る多くの方々からご連絡をいただき、励ましの言葉と併せて、現場の状況を訴えたことに対する感謝の言葉までいただきました。さらには、研修会での事例報告や検討委員会への招聘、またこうした執筆依頼なども含めて、大変多くの貴重な機会を賜るきっかけともなりました。「現在クラスターが発生している施設の当事者の声を伝えたい」として取材にあたっていただきました、NHK 社会部記者の K 氏には心より感謝しているところです。

ポイント

◆マスコミ対応の担当者は事前に決めておく。
　すべての取材を拒否すると、憶測で伝えられてしまう恐れあり。
◆取材内容や取材方法を事前に確認し、十分に意見交換を行う。
　事実・経過・原因・対策・課題・見解など、法人・施設内で確認しておく
　報道機関が伝えたい方向に誘導されないようにする
◆個人情報の保護には十分に配慮する。
　利用者・家族・職員等に取材がある場合は、必ず事前に同意を得ること

8　感染拡大の収束～事業の再開

５例目となった職員が８日（火）から勤務していないことから、そこから数えて２週間の 21 日（火）までに新たな感染が確認されなかったことを受けて、保健所から健康観察期間の終了、つまり感染拡大の「収束」のご判断をいただきました。最初の感染確認から実に３週間が過ぎてしまいましたが、１例目から繋がってきた感染の糸をようやく断ち切ることができました。

収束の判断を受け、導線を分けるなどしていたゾーニングも解除し、ようやく通常の状態に戻すことができました。また、休業を余儀なくされていた配食サービス、デイサービス、ショートステイの受入れなどが、22日（水）以降順次再開をいたしました。再開の時期の判断は、保健所や市の担当課と十分に検討してまいりましたが、いつまた新たな感染が確認されるとも限らない状況での再開準備は、期待と不安の入り混じるものでした。

特に休業期間が27日間にも及んだデイサービスの職員は、当初は記録の整理や環境整備等に多くの時間を費やしていましたが、千葉県感染対策班の方々による「講習会」において感染症対策についての様々なご講義をいただいた後は、日常的な館内の消毒作業に加え、再開後に向けて業務手順の見直し、飛沫防止パネルや使い捨てエプロンやフェイスシールドの制作なども行いました。

この間、千葉県感染対策班の方々には数回にわたり来館してご指導をいただき、デイサービスの再開前日にもアドバイスをいただくなどしたお陰で、私たちも安心して、万全の態勢で利用者をお迎えすることができました。心より感謝いたしております。そして何より、多大なるご迷惑をおかけしながらも、私たちのサービス再開を心待ちにしていてくださった皆様の笑顔に触れ、「よかったね」とお声をかけていただいたことが本当にありがたく思いました。

ポイント

◆行政担当課・保健所等との連携をし、事業再開に向けての準備をする。

事業再開の時期の確認　　感染防止対策や業務手順の見直し

◆利用者・家族・ケアマネジャー等に対して案内し、利用再開に向けての調整をする。

見直しを図った対策等について具体的に文書等で示す

すでに他事業所の代替サービスを利用している方について、個別に確認、調整を行う

9 気持ちの整理のつけどころがなかった～コロナで亡くなるということ

感染拡大の収束後、休止していた事業もすべて再開したものの、入院したままのご入居者様お二人の病状は常に気になっていました。当然ながら面会の許されないまま、時々入院先の病院やご家族様に確認の電話をするだけの状況が続いておりました。

入院当初から重症化することはなかったものの、定期的に行うPCR検査で陰性になることがありませんでした。たとえ新型コロナウイルス感染症でなくても、要介護高齢者の入院が１ヶ月以上にもなれば、施設での通常の生活に戻るためには、食事や運動など相当なリハビリが必要となります。陰性となって退院ができるのであれば、たとえどんな状態であっても、施設に戻っていただきたい。そう祈るだけしかない日々が続いておりました。

８月５日（水）、３例目のご入居者様が、早朝６時45分にご逝去されたとの連絡が施設に入りました。診断では、死因は新型コロナウイルス感染症による肺炎のためとのことでした。

すぐに、ご家族様へ連絡をして確認をいたしましたところ、前日にはPCR検査で陰性となったものの、夜になって急変されたとのこと。面会することもできないので自宅で待機していたところ、逝去後に連絡があったとのことでした。そして「その日のうちに火葬する」ために、ご

遺体は病院から葬祭業者に引き渡され、ご家族様は火葬場にて待ち合わせるとのことでした。また、保健所からも「コロナによる死亡としてマスコミ報道になる」と連絡があったとのことでした。

施設長はじめ数名の職員が火葬・収骨に立ち会わせていただくことをご了承いただき、ご家族様と共にご遺体が搬送されてくるのを待っていたところ、全身を防護服に身を包んだ葬祭業者によって棺が運ばれてきました。棺の蓋はテープで目張りがされており、お顔も見ることさえ叶いません。その日最終の火葬とは言え、他にも葬儀を執り行っている方々のいる中、いかにも「コロナ感染者」と言わんばかりの状況です。「志村けんと一緒だよ」とご遺族様が漏らした言葉に、参列していた職員一同、胸が締め付けられるような思いでした。

8日（土）には、私も松戸のご遺族宅に施設長らと伺って、ご霊前にご冥福をお祈りさせていただき、ご遺族様にはお悔やみとお詫びを申し上げてまいりました。ご遺族様からもいろいろなお話を聞かせていただきましたが、ウイルスに感染して95歳の人生に幕を閉じたことについて、ご遺族様は私どもを責めることは一切ございませんでした。ただ、亡くなったその日の慌しさを振り返って、「気持ちの整理のつけどころがなかった」とおっしゃられました。

私たちは、日ごろ「看取りケア」として、ご利用者様とご家族様ができる限り望む形での終末期を、穏やかで温かくゆったりとした最期の時間を過ごしていただこうと考えております。しかし、新型コロナウイルス感染症で亡くなるということは、それとはまったく正反対のものでした。入院以前に施設の面会制限などもありましたから、遡れば2ヶ月以上も直接お会いしていませんでした。私たちの提供したかった最期の時間とは、まったく異なる「お別れ方」をさせてしまったことに対して、本当に申し訳なくお詫びのしようもございませんでした。

数日後、感染者の逝去後の対応について気になって調べていると、厚生労働省と経済産業省が連名で発出している「新型コロナウイルス感染症により亡くなられた方及びその疑いがある方の処置、搬送、葬儀、火葬等に関するガイドライン」があり、なんと第１版が令和２年７月29日に発出されていたことを知りました。

それによれば、「遺体に対する直接的なケアのない場面において、特別な防護対策は不要」「（臨終後）病室でひと時のお別れの時間を設けることも考えられる」「お顔の部分が透明な非透過性納体袋の使用を推奨」「24時間以内に火葬することができるとされており、必須ではありません」…などとあります。

亡くなられたのはガイドラインが発出されて１週間後であったはずなのに、病院や葬祭業の現場に周知はされていませんでした。私たちも、何とか回復して施設に戻ってもらいたいと祈るばかりでしたし、亡くなられた後のことを考えるのは何か不謹慎な気もしていました。何より、志村けんさんや岡江久美子さんの報道があまりに衝撃的で、新型コロナウイルスで亡くなるということがどういうことか、私たちにとって強烈な「先入観」となっていました。

また、最近では「退院基準を満たした患者の福祉施設での受入」の促進が図られています。病床ひっ迫時において、退院の調整が進まなければ、重症者でさえ入院することができない「医療崩壊」を引き起こしかねません。

自施設の入所者はもとより、他施設の利用者等であっても、近隣のコロナ病床以外の一般病床や、私たち特養や老健等の介護施設が、適切に退院後の受入をしていくことが必要とされております。

前述のとおり、３例目の方は、検査では陰性にならぬとも軽症のまま１ヶ月以上入院をして亡くなられました。もし仮に感染性が著しく低くなった３週目ごろに退院できていたなら、たとえその後に施設で亡くなられたとしても、もう少し当たり前の「お別れ方」ができたのではないかと考えてしまうのです。

ポイント

◆「…火葬等に関するガイドライン」の確認、周知徹底
　医療機関・葬祭業者・家族等と確認し共通認識を図る。
◆入所者・家族等に対し、終末期の考え方について再確認
◆退院基準を満たした入所者等の適切な受入促進
　職員、利用者・家族等への「退院基準」の周知徹底
　退院患者の対応マニュアル、環境や体制の整備

⑩「共存・共生」のポストコロナ社会に向けて

19日（水）、入院中の４例目のご入居者様の「陰性」が確認されたとご報告を受けました。これにより感染者全員の陰性が確認され、保健所より「終息」とのご判断をいただきました。

感染して入院した後、すぐに経口摂取が困難になったため、経管栄養にて対応をしておりました。一般病棟に移られた後も、経口摂取のトライを重ねてまいりましたが、やはり口からの食事は難しいとのことで、胃瘻を増設することとなりました。「どのような状態でも、親には生きていてほしい。陽だまり館に戻したい」というご家族様の言葉に、私たちとしても全力でお応えしようということになり、10月15日（水）、無事に退院し、施設に戻ることができました。

日本のコロナ対策、とりわけ高齢者施設における死亡者数が他の先進諸国に比べ圧倒的に少ないことが、世界から高く評価されました。まさに医療崩壊を防いでいるのは、介護従事者等の努力によって介護崩壊を招いていないからと言っても過言ではありません。

しかし、第３波では、全国各地で高齢者施設におけるクラスターも増え、やはりひとたび感染が施設内に入ると一気にクラスター化する危険性が高いことも否めません。

日常生活においても、常時マスクをつけていることやソーシャルディスタンシング、オンライン会議、テイクアウトや出前・宅配の普及など、半年前には「新しい」と言われた生活様式が、今や当たり前になってきました。

また、これまでも尊厳死や ACP（人生会議）など、終末期のあり方について様々な議論がありましたが、このコロナ禍を乗り越えた先においては、一人ひとりの死生観や価値観まで変わっていくような気がしています。

全世界の全世代、全産業に大きな爪痕を残すことは間違いない新型コロナウイルス感染症（COVID-19）が、今後どのようになっていくのかはわかりません。しかし、コロナ禍において生まれた新しい暮らしや文化、新しい繋がりやコミュニティ、社会において“共に在る”、“共に生きる”ということの新たな価値を見出していくことによって、もしかしたら机上の空論に終わるかもしれなかった「地域共生社会」が、実現することになるのかもしれないと思っています。

第7章

介護施設の感染症対策のための体制整備について

はじめに

2019（令和元）年12月末から世界中へと広がりパンデミックとなった新型コロナウイルス感染症は、2021（令和3）年2月現在をもって収束する兆しをみせていない。近年、新しく発生する感染症や、その他日本において数年経験しなかった感染症、例えばデング熱などが発生しており、その発生する感覚が狭まっているように思う。人類は、菌やウイルスと共存するしかないことを痛感する。感染症が国を超え、日本国内で広がりを見せたのは今に始まったことではないのだが、私たちは自身に感染症の脅威が迫り初めて感染症対策に興味を抱くこととなる。しかしながら、感染症は自然災害の一つであり、いつ、どこで発生するのか誰も予期することができない。よって、平常時から常に正しい感染症対策を実施しておかなければならないのである。

1 今まで経験した感染症からの教訓を忘れない

世界保健機関（以下、WHOと略す）が、国際的に懸念される公衆衛生上の緊急事態を宣言した新型インフルエンザをどれだけの人が覚えているだろうか。新型インフルエンザ（H1N1）は、2009（平成21）年にメキシコから発生してパンデミックとなり、284,000人の死者となった（David E. Bloom, D. Cadarette, 2019）。また日本においても感染が拡大し、推計患者数2,100万人、その中で報告された死者数は198人（人口10万対死亡率は0.16）となった。2009（平成21）年の新型インフルエンザの流行は、想定していたより幸い比較的に穏やかであったが、感染症対策として医療体制、行政対応、検査方法、サーベイランス体制、ワクチンの準備、治療薬の備蓄など多くの問題が浮き彫りになっている（神垣，押谷，2009；岡部，2016）。まさに、今の新型コロナウイルス感染症対策と同様の課題と残していたのである。それなのに、どうしてその教訓を活かすことができていなかったのか。感染症が収束すると、人は日常の生活に身をゆだね、教訓を忘れてしまうのかもしれない。感染症の原因となる菌やウイルスは、目に見えない。建物が崩壊するなど地震の被害に比べ、感染症は収束すると、今までと変わらない日常の生活が動き出す。今までの変わらない生活を過ごす中で、感染症対策に使用する予算は削減され、新たな未来へのプロジェクトに予算をかけることとなる。私たちが、菌やウイルスと共存していくために必要不可欠となる基本的な感染症対策まで忘れさられてしまうのである。私たちが後進へ伝えていけることは、地震などの災害同様、教訓を忘れず伝承していくことである。

また感染症と偏見は、切り離せないことも理解しておかなければならない。新型コロナウイルス感染症においても、集団感染を発生した施設や罹患した人への誹謗中傷があることは非常に残念なことである。日本は、ハンセン病に罹患した人々への不当な隔離策の歴史を決して忘れてはいけない。現在は、研究環境が整い、感染症が伝播する経路や対策の根拠を科学的に立証できる時代となった。情報社会となった今、私たちが正しく感染症対策を理解し、正しく怖がり、そして感染症に罹患した人を正しく理解し支援することが求められている。そうでなければ、私たち人類は、菌やウイルスに敗退してしまうかもしれない。

ポイント　感染症流行時の教訓を忘れない

1．感染症流行における自施設の課題を文書で残す

2．根拠ある感染症対策を実施する

3．感染症への誹謗中傷への歴史を忘れない

2 介護施設における感染症対策の基本について

筆者は、新型コロナウイルス感染症対策に関わり、千葉県松戸市と一緒に介護施設における感染症対策改善アクションチェックリスト（資料2）を作成する機会を得た。このアクションチェックリストは、松戸市の介護施設集団感染の経験を次に活かしたいという強い思いから作成に至った。そして、松戸市の強い思いに賛同した介護施設が協働して運用に至っている。作成したアクションチェックリストの項目は、介護施設における集団感染からの課題、厚生労働省からの通知文などから介護施設に必要となる新型コロナウイルス感染症対策を吟味して抽出した。筆者が作成後に気が付いたのだが、作成したアクションチェックリストは、新型コロナウイルス感染症に特化したものではなく、介護施設において平常時から取り組むべき項目であることが分かる。作成したアクションチェックリストにそって、介護施設における感染症対策の基本を述べていく。

（1）高齢者施設における新型コロナウイルス感染症対策改善アクションチェックリストの使い方

介護施設は、平常時に感染対策について行政側から監査を受けた経験があるだろう。監査と言えば、行政がチェックリストを用いて巡回指導をするという印象をうける。その際に、行政側は、介護施設において実施するべき感染症対策について、チェックリストを用いて指導すること

が多い。私もこのアクションチェックリストの作成に至るまでは、チェックリストは、「できている」、「できていない」をチェックし、特にできていないことを現場に忠告することに使用してきた。チェックを受ける側は、戦々恐々として取り急ぎその場を取り繕うとするのではないだろうか。そして、介護施設においては、行政側から改善を求められても、「そんなことを言っても、実際にはお金もかかるしできないよね。」や、「介護施設は生活の場だからね。医療現場のような感染症対策はできないよね。」と目を背けてきた部分もあるのではないだろうか。筆者も、根拠に基づく正論を言っても、感染症対策にかかる費用対効果に阻まれ改善に至らなかった対策や、長年職員の習慣的に実施してきた感染症対策の改善に労を要することを経験した。パンデミックのように、日本国内で感染症が流行した際には、特に行政からの定期的な感染症対策の巡回指導を受けることができなくなる。しかしながら、普段から感染症対策を話し合い、改善に取り組んできた介護施設においては、パンデミック中においても、正しい感染症対策を自施設で考え、自施設に即した課題や強化するべきポイントにいち早く取り組むことができると考える。

この改善アクションチェックリストは、高齢者施設において新型コロナウイルス感染症対策を進める上で、自主的に取り組む対策の優先項目を見える化し、次の行動に向けて職員が合意を形成することを目的としている。高齢者施設の職場の特徴によって、取り上げる改善策を選択形式で選ぶチェック方法となっている。それぞれのチェックポイントは、新型コロナウイルス感染症対策に有効だった事例を絞り、管理者用とスタッフ用に分けて取り上げている。そして、アクションチェックリストを使用して、職場で一緒に働くスタッフが自施設で実施可能な、改善するべき感染症対策を討議することで、より効果的で具体的な感染症対策へとつなげていく。また、アクションチェックリストは、施設管理者・感染対策担当者用とスタッフ用に項目を分けた。介護施設において、施設管理者・感染対策者が感染症対策で担う役割と、スタッフが担う役割は、異なってくる。アクションチェックリストの使用は、使用方法を守ることで、効果的に自施設の感染症対策に活かすことができる。下記にアクションチェックリストの使用方法についてまとめたので参考にしてほしい。

表1　高齢者施設における新型コロナウイルス感染症対策改善アクションチェックリストの使い方

Step	使用方法
1	▶個人で、アクションチェックリストの各項目をみて、職場でその対策がすでに実施されているか、これから新たに対策が必要かを考えながらチェックする。
2	▶各項目で、対策がすでに行われている、施設に該当しない場合は「提案しない」にチェックを入れる。 ▶対策を取り上げたい、今後必要な場合は、「提案する」にチェックを入れる。 ▶「提案する」と選択した対策の中から特に優先して取り組むべき項目に「優先する」にチェックを入れる。
3	▶職場の人で互いのチェック結果を共有する。 ▶話し合うポイント： すでに実施されている対策を強化するにはどうすればよいか。 「提案する」項目は、優先順位を決めて今日からできる具体的な対策を決める。
4	▶特に「優先する」にチェックした項目を中心にできることから対策を始める。

(2) 施設管理者が取り組むべき感染症対策の基本

①組織づくり

介護施設では、例年流行する季節性インフルエンザやノロウイルス感染症対策に悩まされているであろう。介護施設は、高齢者が集団で生活をする場であり、感染症以外においても施設管理者が注視しなければならない事柄が多い。介護施設において、施設管理者自らが感染症対策担当者を併任する場合があるが、危機管理における組織として避けたほうが良い。施設管理者自身が、感染症対策担当者としての役割を担ってしまうと、組織全体のマネジメントに加え、感染症専門の知識や技術を得ていく労力を要してしまうことを認識いただきたい。組織管理の運営を主となり行う施設管理者は、感染症対策における役割として「人、物、金」をうまく利用することが求められる。

施設管理者は、平常時から感染症対策を担う職員を選出し、その役割を明確にしておくことが必要となる。介護施設は、医療機関とは違い生活を主とした場である。そのため、介護施設の感染症対策を改善していくには、長年培った生活や業務の習慣を変えていかなければならないことがある。よって、感染症対策を担う職員は、他者と協働でき、リーダーシップを取ることができる人材を選出する。また、感染症対策を担う職員は、組織横断的に働き、必要時には行政との連携を密にとることができる能力を要する人であってほしい。感染症対策を担う職員は、看護職もしくは介護職が望ましいが、介護施設において生活支援を担った経験があり、何よりも感染症対策に興味を示す人であれば担当者となり、施設内の感染症対策に大きく寄与してくれると考える。

施設管理者は、選出した感染症対策を担う職員へ感染症対策の役割の委譲を行い、昇給や給与面でも配慮していただきたい。施設管理者は、感染症対策を担う職員と協働し、有事の際の指示系統や役割分担を平時から決め、必要となる物品の確保、その予算の確保を行う役割を担う。また、施設管理者は、平常時から高齢者施設の管轄保健所や近隣の医療機関に相談できる関係性を築いておく。

②職員の健康管理

施設管理者は、職員の健康状態を管理し、何らかの感染症症状がある場合に休める人員配置を考えておくべきである。施設管理者は、職員が体調に異変を感じた際に、いつでも施設管理者へ連絡できるような報告体制を定めておき、職員へ周知する必要がある。施設管理者は、職員雇用の際においても、職員が接種してきたワクチン情報を母子手帳や他の記録物で管理することも必要である。職員が介護施設で勤務する上で必要となるワクチン（図２、３）を、抗体価を確認の上、接種できる体制を整える。施設管理者は、職員の配置をできる限り専属化すると、職員と施設利用者との交差感染のリスクを低減でき、有事の際の職員配置として有効に活かすことができる。多くの施設は、職員が２ユニットを往来して介護を行っている。介護施設では、職員が施設内に感染を持ち込むリスクを考え、できるだけ広範囲を往来する業務を避け、固定化することが感染症対策上望ましい。

図２　介護職員に必要となるワクチン

図３　ウイルス性疾患の抗体価の考え方

ウイルス性疾患の抗体価の考え方

日本環境感染学会「医療関係者のためのワクチンガイドライン第３版」に基づく

※抗体価は、５年有効とする

疾患名	抗体価陽性	抗体価 基準を満たさない	抗体価陰性
麻疹	EIA 法 16.0 以上	EIA 法 2.0 以上 ～16.0 未満	EIA 法 2.0 未満
風疹	EIA 法 8.0 以上	EIA 法 2.0 以上 ～8.0 未満	EIA 法 2.0 未満
水痘	EIA 法 4.0 以上	EIA 法 2.0 以上 ～4.0 未満	EIA 法 2.0 未満
流行性 耳下腺炎	EIA 法 4.0 以上	EIA 法 2.0 以上 ～4.0 未満	EIA 法 2.0 未満
B 型肝炎	10mIU/mL 以上	10mIU/mL 未満	

ワクチン追加接種対象者！

③安心して働くことができる職場環境

施設管理者は、職員が安心して働くことができる環境を整える。介護施設で働く職員は、日々多くのストレスを抱えている。職員が、体調不良を言い出せない職場の雰囲気があってはならない。職員が、日頃より悩みを相談できるような職場の雰囲気を心がけてほしい。職員が必要であると考える感染症対策に使用する個人防護具は、施設管理者が取りまとめ、いつでも職員が使用できるよう備蓄しておく。

④施設利用者の健康管理

施設管理者は、利用者やその家族に周知したい感染症対策を定めておき、利用者やその家族へ説明しておく。特に、利用者の家族とは常時連絡を取れる関係性を保ち、関係性を密にしておく。利用者の家族の住所や緊急連絡先は、定期的に最新の情報へと更新しておく。

ポイント　施設管理者が取り組むべき感染症対策の基本

1．施設管理者は、「人・物・金」をうまく利用する
2．職員にとって働き続けることができる快適で安全な職場を準備する
3．職員が生き生きすると利用者への感染症対策もおのずと進む

（3）感染症対策担当者が取り組むべき感染症対策の基本

①組織づくり

感染症対策担当者は、最新の感染症対策の知見を積極的に学び、根拠ある感染症対策を導入していただきたい。平常時の感染症対策が、有事の際の感染症対策にも表れることとなるからである。

自身が学びたい感染症対策等の研修があれば、施設管理者と相談して参加する。感染症対策担当者は、他の施設の職員と交流する機会を得ておく。他施設の職員と交流することで、自施設の感染症対策における問題点がよく見えてくるはずである。また、自施設においても、自身の置かれる立場を理解して、組織横断的に職員と関わるようにする。感染症対策担当者は、平常時に巡回すると嫌がられることもある。筆者にも経験があるが、平常時に感染症対策のため巡回すると、職員から避けられることがある。しかし、地道な巡回から得ることができる現場の情報は貴重であり、あきらめず、腐ることなく、日々の地道な感染症対策を行ってほしい。日々の感染症対策が、有事の際に必ず活かされることを信じてほしい。

感染症対策担当者は、施設管理者と相談して感染症対策委員会など組織的に感染症対策を実施できるチームを構築してほしい。感染症対策委員会の委員長は、施設管理者が適任である。委員には、事務職、看護職、介護職、リハビリ、生活支援員、ケアマネジャーなど多種職の仲間を入れ構成する。委員メンバーそれぞれが、責任をもち感染症対策に取

り組めるよう役割を決めておく。感染症対策担当者は、この委員会の運営全般を担ってほしい。職員と施設管理者、委員同士の連携の調整役を担う。新たに改善するべき感染症対策は、この委員会の議決により決めると、改善がスムースに進む。

②職員の健康管理

感染症対策担当者は、施設管理者の功でも述べたように、職員のワクチンプログラムを実施してほしい。高齢者と濃厚に接触する職員は、特に自分の抗体価や必要なワクチン接種を推進する。ワクチンプログラムに係る費用は、施設管理者や感染症対策委員会で検討してもらい、有事の際に備える。

感染症対策担当者は、感染症対策教育を定期的に企画、運営を行う。感染症対策マニュアルとして、標準予防策、感染経路別予防策、疾患別予防策を作成し、自施設で行える具体的な予防策を簡潔にまとめておく。感染症対策マニュアルを職員へ周知する目的としても、感染症対策教育が重要となる。時には、外部の感染症対策の専門家を招待した研修会を企画するなど、第３者をうまく利用してほしい。

③安心して働くことができる職場環境

感染症対策担当者は、職員が常に安心して働くことができる環境を整える。外国人スタッフが就労している介護施設は、外国人スタッフの日常生活の支援を行ってほしい。文化背景が違えば、感染症対策への理解やその方法が違うことを理解し、有事の際においても相談しやすい関係性を築くことが大切となる。

感染症対策担当者は、職員が必要とする防護具や感染症対策に使用する物品を定期的に見直してほしい。特に特定の感染症が流行しだすと、業者がこぞって様々な消毒薬品や物品を販売しだす。感染症対策担当者は、科学的な根拠を基に物品の選択や購入をしてほしい。筆者が考える職場環境を整えるために重要であることは、基本に立ち返り、環境の整理、整頓、清掃、正しく基の位置に戻すことを癖づけるなど清潔にすることだと考える。まずは、職場で職員が安心して、そして効率的に働くことができる環境を整えるべきである。

④施設利用者の健康管理

介護施設は、デイケア、ショートステイなど、地域から施設に出向き一日を過ごす高齢者も利用している。また、施設に入居している利用者は、時には家族と出かけることもある。感染症対策担当者は、利用者のみならず、その家族にも施設内の感染症対策に関する情報を提供することが望ましい。利用者やその家族向けのポスターを作成して掲示したり(資料２)、施設の活動の様子を報告する通信などに感染症対策に関する記事も投稿してみよう。

ポイント　感染症対策担当者が取り組むべき感染症対策の基本

１．感染症対策の研修会や最新の知見を積極的に学ぶ
２．施設管理者とスタッフ、他施設のスタッフと連携する
３．施設管理者やスタッフの話をよく聞き良好な人間関係を確立する
４．自施設の感染症対策を一から見直し根拠ある感染症対策を導入する

（4）スタッフが取り組むべき感染症対策の基本

①スタッフ自身の健康管理

スタッフは、日々の健康を自己管理してほしい。体調が悪い際は、無理をせず管理者へ連絡し、勤務の調整をしていただきたい。介護施設のスタッフは、他のスタッフへの業務過多を考え、体調不良を切り出せない人が多いように思う。それがかえって感染拡大を助長させるきっかけとなる場合がある。

スタッフは、標準予防策である正しい手洗いや環境整備は、家庭においても実施してほしい。また例年冬場になるとインフルエンザの予防接種を受ける。ユニフォームは毎日洗濯し、交換する。休みの日は、休養や余暇を楽しむ、よく食べ良く寝るなど基本的な感染症対策が、スタッフに課せられた健康管理である。

②施設利用者の健康管理

スタッフは、施設利用者の日々の活動を身近で支えるプロフェッショナルである。スタッフは、利用者それぞれの性格を理解しており、体調の変化にいち早く気づくことができる力を持っている。スタッフは、利用者の身体の変化に「今日は、何かおかしい。」と気づくことができる力を磨いてほしい。そして、スタッフが利用者のいつもと違う異変に気づいたら、他の利用者とは少し距離を保つ位置で過ごしてもらい、医療機関への受診を支援してほしい。

スタッフは、面会者（家族や友人）への健康状態も把握する必要がある。介護施設における面会は、高齢者によって認知機能の維持や余暇を過ごすうえで貴重な場である。

スタッフは、面会者に対しても健康状態を把握し、面会簿への記入、面会者の手洗い、マスクの着用など、面会時のルールを丁寧に説明し、感染症対策を講じた上で利用者との面会ができる環境を整

面会者もすぐに手洗いできる環境

える。

③働く環境の整備

スタッフは、職場において整理整頓を心がける。職場は、自分の家ではないので不必要なものは持ち帰る。物品など使用したものは、使用前の場所に戻すなど、次使用する人のことを考え、細やかな気遣いをする。職場が片付いていると、業務が効率的に進むようになる。そして、日ごろから職場における不安や悩みを話し合い、互いに助け合う良き職場の風土をつくる。体調が悪いときは、休める雰囲気が感染拡大防止にもつながる。

④感染拡大防止策

介護施設は、集団で高齢者が生活する場所である。介護施設においては、生活の場であるというスタッフの認識から正しく感染症対策を実施されない場面がある。スタッフは、根拠のある感染症対策を実施していただきたい。

スタッフは、すべての高齢者に対して実施する標準予防策を実施する。適切なタイミングで適切に手を洗う。個人防護具を正しい場面に用いて、正しい着用方法と脱ぎ方を理解しておく。そのためには、平常時から必要となる不織布のマスクや使い捨て手袋、使い捨てエプロン、ガウン、ゴーグルもしくはフェイスシールドを準備しておかなければならない。スタッフは、介護場面で必要となる個人防護具を表示しておくなど工夫することも考えてほしい。

スタッフは、定期的に高頻度接触面を界面活性剤やアルコール、次亜塩素酸ナトリウムを使用して清拭してほしい。高齢者が共通で使用する物品などは、使用毎に洗浄や消毒をする。洗浄できないものは、日光に20分程度干すと良い。個人用の布団なども、定期的に日光に干すことを薦める。また、部屋の換気は夏場、冬場に限らず定期的に行う。冬場は寒くなるので、換気を避けがちになるが、部屋の廊下側のドアを開け、高齢者に直接外気が当たらない位置の窓を開けておくことも、部屋内の呼気の滞留を抑制することにつながる。24時間換気がある建物は、外気との換気システムとなっているのかを確認して使用してほしい。

ポイント　スタッフが取り組むべき感染症対策の基本

１．正しいタイミングで正しい手洗いを行う

２．正しいタイミングで個人防護具を着脱する

３．共有する物品は常に清潔に保つ

筆者は、新型コロナウイルス感染症が流行する中、宮城県長寿社会政策課運営指導班の協力を得て介護施設に巡回指導を行っている。筆者が巡回指導をする中で、介護施設のスタッフが取り組むべき感染症対策において実際に工夫していることを紹介する。ちなみに、宮城県長寿社会政策課運営指導班のホームページにおいて、巡回指導で良かった点を「高齢者施設感染対策GOOD集」として紹介している。

１．正しいタイミングで正しい手洗いを行う

介護施設では、手洗い場の環境が整っていても、高齢者が石鹸やアルコール製剤を誤飲する可能性があるため設置できない場合もある。また、ペーパータオルを設置しても、トイレットペーパーと間違えてしまい、便器に流して詰まらせてしまうなどの危険がある。スタッフが、個人用にいつでも手洗いできるようにアルコール製剤を持ち歩いていた。

２．正しいタイミングで個人防護具を着脱する

介護施設においてスタッフが布のエプロンを着用していることが多

かった。そのエプロンは、汚物の処理時に着用されずに、配膳時に着用されることが多く、毎日洗濯されていないこともあった。汚物には、多くのウイルスや菌が潜んでいる。スタッフは、汚物処理の際にビニールエプロンや布エプロンを着用して、高齢者ごとに交換するべきである。一方、配膳の時は、手をしっかり洗い、マスクを着用して配膳すればよい。

３．共有する物品は常に清潔に保つ

高齢者の汚物処理の際に、汚物用のおしぼりを使用している施設も多かった。汚物用おしぼりは、使用後に職員が汚れを手洗いで落とし、その後消毒薬に浸漬させて、洗濯していた。洗濯したのちは、次の汚物処理用のタオルとして再利用されることとなる。スタッフは、汚物処理のケアのみならず、使用した汚物用タオルの洗濯や消毒にも手間を取られることとなる。また、汚物タオルを介しての利用者への水平感染を留意しなければならない。汚物処理に使用するタオルは、費用対効果も考え使い捨てのお尻拭き用品を使用するか、スタッフや高齢者の家族に協力を得て廃棄しても良い布製品を使用している施設もあった。

感染症対策に使用する消毒薬においても、正しく理解して使用する必要がある。手に使用するアルコール消毒薬は、手に目に見える汚れがある場合には手洗いの効果がない。消毒薬を使用する場合は、まず汚れを落とさなければならない。また、手に次亜塩素酸ナトリウム消毒液を使用すると、肌あれを発生させる恐れがある。さらには、粘膜に次亜塩素酸ナトリウムを使用すると危険である。個別に使用する歯ブラシを次亜塩素酸ナトリウムに漬け消毒していた施設もあった。これは、非常に危険なことである。個別に使用する分には、汚染すれば新しいものへと交換する。歯ブラシのヘッドが他の歯ブラシと重ならないように工夫して配置している施設があった。

消毒薬を使用する際には、濃度、湿度、保存期間などあらゆることを考えながら使用することが求められる。消毒薬は、空気中に噴霧しても、消毒効果を得ない。空気中に散布してしまうと、周囲にいるスタッフや高齢者が消毒液を吸い込んでしまい、肺まで達すると消毒薬による炎症を起こしてしまう。菌やウイルスの数を減らすことができる消毒薬は、当然、人の身体にとっても害を呈する。消毒薬を使用する際には、まず物品表面の汚れを落としてから、正しく希釈された消毒薬に浸漬させるか、乾いた布や雑巾にたっぷり消毒薬を漬けて環境表面や物品表面を清拭する。使用する際には、消毒薬を吸い込まないように、手袋やマスクを着用し、換気を行う。また、消毒薬は、使用期限を守り、作り置きをせず一度に使う量のみ作成し、使い切ることを心がけてほしい。

スタッフが個別にアルコール消毒剤を携帯

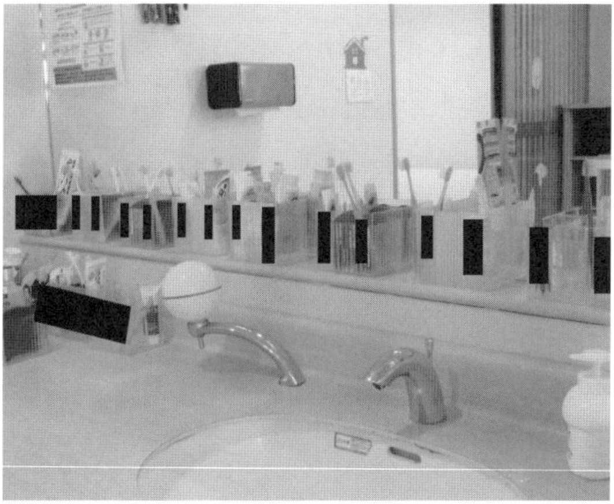
歯ブラシとコップは個別に使用し管理

3 介護施設における感染症発生に向けた体制整備

感染症対策は、熱意あるスタッフ数名が一生懸命に実施してもうまくいかない。介護施設において感染症対策がうまくいくポイントは、組織の属するすべてのスタッフが感染症対策における自身の役割を理解し、その役割を実践できるかどうかである。つまり、平常時に組織に属するすべてのスタッフが行う感染症対策の基本が、感染症を拡大させるか否かの鍵を握る。日々の感染症対策が、感染症発生時にも活かされ、迅速な対応へとつながる。とは言え、感染患者が発生時の対応に向けた体制整備が必要となる。アクションチェックリストの「感染患者発生時の対応にむけた体制整備」に沿って説明する。

①感染疑いの人が発生した場合の具体的な手順を決める

感染疑いの人が発生した場合に、どこへ報告して、どの病院を受診すればよいのかを予め決めておく。施設によっては、契約している医師が居るのであれば、医師に確認しておくのも良いであろう。どこで、誰が感染疑いの人の検体を採取するのか、具体的に報告や連絡する先をスタッフが周知できるよう掲示しておく。

②感染疑いの人が発生した場合の隔離方法、ゾーニング、スタッフ配置を決め事前に訓練する。

介護施設で感染疑いの人が出た場合は、同じ居住空間、ユニットを利用する高齢者が濃厚接触者となる。また、介護スタッフが多くのユニットを往来するケアを実施している場合は、感染が拡大している可能性が高い。感染疑いの人をどこへ隔離するのか、部屋の配置を変更することでさらなる感染拡大を招かないのかなど、発生時にむけたゾーニングを検討しておく。認知症をもつ高齢者で、個室で過ごしているのであれば、あえて部屋を変えてしまうと、高齢者がパニックを起こし部屋から出てしまい、かえって感染拡大を招くおそれがある。隔離ゾーンを広域にとらえ、感染疑いの人があえて自由に行き来できる場所をつくるなど各施設のファシリティーに沿い工夫する。

さらに、濃厚接触者となる職員は、検査結果が出るまで勤務につけなくなる。新型コロナウイルス感染症の場合は、検査結果が陰性であっても自宅待機となる。これらを考慮すると、感染者が発生していないユニットやデイサービスを停止し、その部門のスタッフを感染疑いのあるユニットへの支援スタッフとすることも検討する。予め継続するべき事業と緊急時には停止する事業を決めておく必要がある。

スタッフ配置の卓上訓練の様子

③施設長をトップとした対策本部の設置と保健所や自治体との連携

新型コロナウイルス感染症のようなパンデミックでは、施設内で感染疑いの人が発生する前から対策本部を設置しておく。対策本部では、感染疑いの人が施設内で発生した際に、本部委員それぞれが具体的に担う役割を列挙しておく。

保健所ならびに近隣の医療機関、自治体から発信される情報を随時取り入れ、不明な点は積極的に保健所や自治体に問い合わせる。介護施設長は、施設の代表として保健所や自治体に意見を発することを続けてほしい。そして、スタッフは、感染症対策について自身が考え、他者へ発することを忘れないでほしい。筆者は、先に述べたように宮城県長寿社会政策課運営指導班の協力を得て介護施設に巡回指導を行う機会を得ている。この取り組みは、筆者が公立の大学に勤務しており、宮城県との連携が行える支援を得たことが大きい。そして何より、筆者から地域の介護施設における感染対策を実施したいという申し出に迅速に応え、率先して取り組んで下さる宮城県長寿社会政策課運営指導班の働きが糧となっている。

感染症の流行は、公衆衛生上の危機である。各施設だけの問題ではなく、地域全体の問題としてとらえる必要がある。よって、施設管理者、スタッフは保健所や自治体に遠慮なく発言するべきである。

④利用者家族やメディアへの対応者を決めておく。

施設管理者は、感染疑いの人が発生したら、できるだけ迅速に利用者の家族へ正しい状況を説明する。施設管理者は、何名が感染し、今どのような状況であるかなど正確な情報をまずは家族に説明するべきである。施設管理者は、メディアに対してもできるだけ早い段階で情報を公開することが望ましい。誤った情報ほど、人を恐怖に陥れることとなる。

ポイント　介護施設における感染症発生に向けた体制整備

1．保健所や自治体を巻き込んだ体制整備を行う

2．感染症発生にむけ卓上訓練や実施訓練を行う

3．感染症発生時には正しい情報を公開する

④ 地域における感染症対策にむけた今後の課題

筆者が、介護施設や地域における新型コロナウイルス感染症対策に関わり特に課題だと考えたのは地域住民の感染症に対するヘルスリテラシーの向上である。

ヘルスリテラシーとは、1998（平成10）年にWHOが「良い健康を維持促進するために情報へアクセスし、理解し、活用する動機付けと能力を決定する認知的、社会的スキルを意味する」と定義した。ヘルスリテラシーは、個々の健康を左右する社会的経済的環境に変化をもたらし、個人と社会の健康を向上するとしている。さらに、健康や医療に関する情報を取捨選択する上で、情報を批判的に評価する能力を人々に与えると言う点でも注目されている。地域住民が、感染症に対するヘルスリテラシーを高めることができる教育を提供する必要がある。

その第一歩として、介護施設など地域に密着して運営を行っている組織に所属するスタッフに新興・再興感染症対策ヘルスリテラシーを高める教育が課題である。感染症対策を担当できる介護職員や生活支援員を育成する必要がある。介護施設に働くスタッフは、基本的な感染症対策を学び、習得することを必須とする。また、一定の教育課程を経て介護施設や地域で活躍できる感染症対策の専門家を育成できる教育システムを構築することが課題である。

おわりに

新興・再興感染症の流行は、いつ私たちを襲うか誰にもわからない。

そして、感染症をゼロにすることは、できないであろう。私たちの祖先が感染症と闘ってきたように、私たちも闘い続けなければならない。闘いは勝ち負けではなく、共存することを目指すのである。ウイルスや菌などと共存するために、私たち一人一人ができることをやるしかない。

参考・引用文献

David E. Bloom, Daniel Cadarette, (2019) . Infectious Disease Threats in the Twenty-First Century: Strengthening the Global Response, Frontiers in Immunology, 10, doi:10.3389/fimmu.2019.00549.

一般社団法人日本環境感染学会（2020）. 医療関係者のためのワクチンガイドライン第3版, 環境感染学会誌（35）.

神垣太郎, 押谷仁（2009）. 新型インフルエンザA/H1N1型の世界と日本の現状と課題, 平成21年度厚生労働科学研究費補助金（新興再興感染症研究事業）「新型インフルエンザ大流行時の公衆衛生対策に関する研究」

岡部信彦（2016）. 近年問題となった新興感染症と現状, 日本内科学会雑誌105巻11号, 2120-2125.

宮城県保健福祉部長寿政策課運営指導班, 高齢者施設感染対策GOOD集vol.1 新型コロナウイルス感染症対策, PowerPoint プレゼンテーション（pref.miyagi.jp）（2020年12月9日閲覧）

第8章

コロナ禍の施設に求められる変革

―介護保険の東京23区問題の解決策―

はじめに

深刻な介護人材不足、介護報酬の抑制により東京都内の特別養護老人ホーム（以下「特養」という）の経営が厳しい状況に追い込まれている。これに追い打ちをかけているのが、新型コロナウイルス（以下「コロナ」という）の感染拡大である。東京都内の特養は、瀬戸際に立たされている。こうした状況が「適応するための変革」を迫っている。必要な変革は一時的なものではなく継続的であり、本質的なものでなくてはならない。一方、介護保険制度については構造的な問題の解決が急務だ。

ただし、この章では都内の特養が抱える問題を網羅的に論じたり、その解決策を示したりはしない。コロナ禍以前から経営が極めて厳しい23区内の特養の状況をテーマの中心に据えて、コロナ時代における施設経営に必要な変革を示している。事業者の経営を圧迫している介護人材不足、介護報酬の抑制傾向など全国的な要因だけではなく、23区内には他地域と大きく異なる構造的要因が隠れているからだ。

人件費の高騰、高い賃借料と人材派遣・紹介料などを反映しない介護報酬、激しい他産業との人材確保競争、待機者対策としての施設整備の進展などである。筆者は、施設長として世田谷区と目黒区において特養を19年間にわたり経営してきた。その間、施設長仲間とさまざまな困難を共有してきた。その経験から、コロナ時代においてもその後も「特養としての役割を果たし、地域に貢献し続けたい」と切に願う気持ちで執筆している。

東京都以外の大都市部にある施設においても参考となれば幸いである。

Ⅰ　浮き彫りにされた課題

1 瀬戸際に追いやられた施設経営

2020（令和2）年6月、東京都高齢者福祉施設協議会（以下「高齢協」という）が厚生労働大臣政務官と老健局長に都内の特養への支援を陳情した際、筆者は「介護サービスにおいては、コロナの感染拡大の問題は『東京問題ではなく、23区問題』です」と指摘した。福祉・介護事業は長年にわたり、人材不足と介護報酬の削減傾向により厳しい経営を強いられている。中でも過酷な状況に置かれているのが　東京都23区だからである。コロナ禍以前から他地域と比べて23区内の特養の経営は危機的状況に陥っている。それを顕在化したのがコロナの感染拡大だと考える。理由は、次のとおりである。

（1）　都内のコロナ感染者の約86.1％が23区内
（2）　影響が顕著なのは23区内の特養
（3）　23区内の実態が反映されない介護報酬の人件費率
（4）　低い23区内特養の収益性
（5）　23区内の絶望的な介護関連の有効求人倍率

つまり、以前から抱えていた（3）（4）（5）の構造的な問題がコロナ感染拡大の影響により、喫緊に取り組むべき課題として浮き彫りにされたのだ。

まず、（1）～（5）に沿って課題を提起し、（3）～（5）については解決・緩和する方策を示す。次に、実現可能性があるコロナ時代の施設経営に必要な戦略を提案したい。施設においてコロナ感染・予防対策を講じる必要があることは論をまたない。

❷ 課題の提議

(1) 都内のコロナ感染者の86.1%は23区内

2020(令和2)年11月末現在、都内のコロナ累計感染者数は、40,939で全国の感染者数147,894人の27.7%を占めている。都内の死亡者数515人は、全国2,138人の24.1%である。一方、都内の感染者数に目を向けると、86.1%が23区内である。東京都の市町村(以下「市部」という)で感染者が最も多い八王子市でさえ、区内10番目の板橋区の半分にも満たない。東京問題というよりも、「23区問題」と指摘する大きな理由である。

また、都内で集団感染が発生した特養6施設は、すべて区内である(令和2年11月末現在)。3月29日に台東区立特別養護老人ホーム谷中

表1　東京都のコロナ感染者数

特別区　陽性者数				市町村　陽性者数		
順位	区	陽性者数		順位	市町村	陽性者数
1	新宿区	3,513		1	八王子市	695
2	世田谷区	3,245		2	町田市	446
3	大田区	2,051		3	調布市	407
4	足立区	1,875		4	西東京市	382
5	港区	1,832		5	府中市	379
6	練馬区	1,691		6	三鷹市	336
7	杉並区	1,662		7	武蔵野市	291
8	中野区	1,611		8	小平市	233
9	江戸川区	1,582		9	日野市	219
10	板橋区	1,423		10	立川市	201
特別区計	33,089(86.1%)			市町村計	5,340(13.9%)	
※東京都報道発表　新型コロナウイルスに関連した患者の発生　12月1日						

＊東京都新型コロナウイルス感染症対策サイト2020/11/30の累計(%: 対象とした区・市町村の陽性者数を東京都内の陽性者数で除した)。

で集団感染が発生して以来、６つの特養で発生している。その１つである江東区の北砂ホームでは、感染者、濃厚接触者となった職員の多くが自宅待機、自宅・宿泊療養となった。全入居者 80 人に対して勤務可能な職員は６人しか残らない事態に陥ったのである。施設内で集団感染が広がった場合のダメージは計り知れない。感染予防対策に加えて感染症に関する BCP（事業継続計画）を策定しておく必要があるだろう。

（2）影響が顕著な 23 区内特養

東京都を起点に感染拡大の第２波に襲われた８月、高齢協による「新型コロナウイルスの影響調査」が行われた。対象とした都内の特養は 497 施設。回収率は 60.4％だった。４月から６月までの３か月間のコロナによる平均収支（経常増減差額）への影響については、23 区内と市部の違いが顕著だった。特養、デイサービス、ショートステイの３事業合計で、区内の特養は対前期平均－718 万円（１万円未満切り捨て、以下同じ）だった。市部の平均－430 万円の 1.67 倍にあたる（表２）。この状況が継続すると年間 1,152 万円の差となる。さらに、陽性者が発生した施設が多い地域ではより深刻な影響を受ける。たとえば、世田谷区では、３事業合計が４月分だけで－517 万円、６月も－624 万円と落ち込みが激しい。世田谷区内の特養で集団感染が発生したのは７月末であるが、３月から５月における有料老人ホーム、保育園などでの集団感染

表２　令和２年 都内特養前年比収入の減少額（島しょ部を除く）

	回答数	全　体	区　内	市　部
特養	276	－245,631 円	－599,339 円	－12,281 円
ショートステイ	208	－1,899,017 円	－2,244,979 円	－1,303,231 円
デイサービス	146	－3,751,423 円	－4,341,284 円	－2,987,384 円
計	630	－5,896,053 円	－7,185,602 円	－4,302,896 円

＊首都圏：東京都、神奈川県、埼玉県、横浜市、川崎市、相模原市、さいたま市、千葉市

が影響しているのではないか。利用控えなどにより、発生した施設自体の経営には深刻な影響がある。高齢協による集団感染が発生した施設へのヒアリングでは、通常営業に戻るまで、1.5から２か月がかかるとの回答を得た。

さらに、関東ブロック老人福祉施設連絡協議会（以下「関ブロ連絡協議会」という）による同様の調査では、首都圏の１都２県５政令市（以下、首都圏）と区部は歴然とした差があった。４月から６月までの３か月間における都内の平均収支（経常増減差額）は、特養、デイサービス、ショートステイ３事業合計で、対前期－589万円だった。東京都を除いた首都圏（以下、都外）の合計額の平均は、約－220万円であり、都内はその2.68倍の減益になる。23区内－718万円と比較すると３倍を超える。明らかに感染者数が影響していると考えられる結果だ。第２、第３波の影響によるさらなる減収が危惧されている。

（3）実態が反映されない介護報酬の人件費率

①介護報酬の基本単位と地域加算

介護報酬の基本単位は全国一律に定められている。これに10円を掛けたものが事業者への報酬となる。これに、人件費の地域差を勘案して、上乗せされるのが地域加算である。国家公務員の地域手当を基本に１級地からその他地域まで８段階ある。１級地の23区が一番高い20%だ。その他地域には加算がつかない。このままならば問題は生じない。ところが、実質の上乗せ割合には厚労省が定めた人件費率を掛ける。たとえば、23区内の特養の場合、地域加算の上乗せ20%に全国一律の人件費率45%を掛ける。すなわち、実質の地域加算は９%になる（図１）。

金額に直すと、その他地域での報酬１万円が23区では20%増の12,000円ではなく、９%増の10,900円にしかならない。たとえば、地域加算がつかないその他地域の東京都八丈町と１級地の港区を比較すると、日給で900円、時給に換算すると112円程度しか差がないことになる。

図１　介護報酬の基本的な算定方法　特養　23区（１級地）の場合

基本単位×10円＝特養の介護報酬（地域加算なし）

基本単位×（10円＋0.9円）＝23区特養の介護報酬

20％（１級地上乗せ地域加算）×45％（全国一律人件費率）＝9％
10円×9％＝0.9円

②地域加算の問題点

介護報酬の地域加算の問題点は以下の４つである。

ⅰ　家賃や物価が勘案されていない。勘案されているのは人件費のみである。特養の併設を除くと、デイサービスの事業所の多くが事業所を賃借している。地域密着型特養やオーナー型特養（東京都のみ）は賃借が認められている。敷地が公有地で自治体に借地料を支払っている特養も少なくない。地代の地域差は勘案されるべきではないか。

ⅱ　人件費率が実態を反映していない。

厚生労働省（以下、厚労省）の調査では全国平均の給与費が63.6％になっている。実際に支払っている給与費と介護報酬の人件費率45％とは18.6％も乖離している（後述する介護報酬における人件費集計方法）。

ⅲ　職種間においては公平性が欠けている。

給与費から、事務員、清掃・設備管理要員、運転手などの給与を除外することについて、合理性がある納得のいく根拠すら示されていない。同じ施設で働く職員を職種によって人件費から除外すること自体が公平性を欠いている。結局、介護報酬ではなく法人の独自の財源で支払うことになる。

iv　人件費率が45%、55%、70%の三段階のみである

55%未満は45%へ、70%未満は55%に設定される。54.9%が45%に設定されてしまうのは実態と乖離し過ぎではないか。段階ごとの目があら過ぎる。

高齢協の（3）－①の調査では、「来年の介護報酬改定に望むことは何ですか」に対する回答は、「基本報酬の引き上げ」が97.6%で圧倒的に多い結果だった。次が、「人件費率の引き上げ」で69%、3番目が「地域加算の引き上げ」で63.2%だった。その本をただせば、基本報酬も人件費率も、どちらも巧妙な計算方法で抑制されていることにある。言い換えれば、実際に事業者が支払った給与費率と介護報酬の人件費率が20%ほども乖離する訳には、カラクリがある。

③介護報酬の人件費率に隠されたカラクリ

介護報酬の人件費率の見直しについては、次のように定められている。「介護サービスの種類ごとの人件費率については、介護事業経営実態調査の結果を踏まえ、介護給付費分科会において検討を行い、必要に応じ、人件費率によるサービス類型の見直しを行う」。厚労省による「令和2年度介護事業経営実態調査」結果では、特養の給与費率の全国平均は63.6%だ。1級地である23区も66.05%と大きく変わらない。上記の規定に従えば、特養の人件費率は65%程度になるはずである。ところが、介護報酬の人件費率は特別な集計方法により計算され45%となる。「特別集計」である。これがカラクリのタネである。計算方法は、次のとおり。

ⅰ　経営実態調査による給与費から、配置が定められていない事務員、清掃・設備管理要員、運転手などの給与を除外する。
ⅱ　特別集計後の人件費率を介護サービスの種類ごとの人件費率 45%、55%、70%（＊）のいずれかに定める。
＊45%のサービス：特養、デイサービス、グループホーム、特定施設
55%のサービス：ショートステイ、小規模・多機能、通所リハビリ
70%のサービス：訪問介護・入浴・看護、居宅介護支援

④「特別集計」を見直す必要性と財政中立の壁

特別集計により、介護報酬の基本報酬部分ばかりではなく、地域加算の上乗せ割合にも必要な人件費が反映されないことになる。当然ながら、基本報酬も上乗せされる地域加算も同じ人件費率になるからだ。23区内の特養に上乗せされる介護報酬の地域加算は20%だが、基本報酬と同じ人件費率45%を乗ずるため、実質地域加算は９%にしかならない。そのため、高い人件費を必要とする23区内の特養は他地域と比べて厳しい経営を強いられることになる。人件費率が上がると地域加算も同様に上がる仕組みになっている。介護報酬の人件費率については、介護事業経営実態調査結果に基づく給与費率を反映させるべきである。

一方、「地域加算の引き上げ」は困難である。「財政中立の原則」の壁があるためだ[1]。23区（１級地）を引き上げるには23区以外（２級地～その他地域）を削減しなければならない。同じ財布の中で23区とそれ以外の地域が取り合う事態に至ることは避ける必要がある。当然、東京都とそれ以外の地域も同様である。

（4）低い区内特養の収益性

① 2020（令和２）年度 経営実態調査結果

介護報酬に実際にかかる人件費が反映されていないため、都内の特養の経営は厳しい状況に追い込まれている。特に、23区内の特養は厳しい。高齢協による調査（表３）によると１級地である23区の収支は平均－1.55％である（令和元年度決算）。都内の２級地から７級地までの加重平均－0.70％よりも、0.85ポイント低い。近隣の政令指定都市と比較すると、違いがより鮮明になる。関ブロ連絡協議会の調査[2]では、２級地である横浜市4.18％、３級地である千葉市2.73％、さいたま市3.21％、となっている。23区内はそれよりも4.28～5.73ポイントも低い。繰り返しになるが、人件費率が45％に抑制されているため、介護報酬の地域加算が地域差の調整を果たせないからだ。

表３　2020（令和２）年度　都内特養　経営実態調査結果（東京都経営支援補助金を除く）

特養数	１級地 96	２級地 14	３級地 57	４級地 21	５級地 19	６級地 10	７級地 5	その他 4
収支	-1.55%	-1.56%	-0.97%	-1.64%	0.38%	1.12%	0.70%	-17.94%
給与費	66.05%	67.36%	68.86%	67.28%	66.87%	66.79%	66.19%	69.12%
業務委託費	8.25%	5.26%	4.74%	5.70%	5.06%	5.09%	5.16%	4.59.%
実質地域加算	9％	7.2%	6.75%	5.4%	4.5%	2.7%	1.35%	0％

出典：「令和２年度特別養護老人ホームの経営実態調査結果速報」（元年決算）

②高い業務委託費

都内特養経営実態調査結果（表３）による業務委託費に注目すると、23区内である１級地は３級地よりも3.51％高く、1.74倍にもなる。委託費に23区内の高い人件費が反映されるためだ。さらに、委託費には人材紹介手数料が含まれる。これが大きく影響する。現在、紹介手数料は職員の年収の25％から30％である。年収400万円の職員ならば、100万円以上かかる。都心部ほど介護職員不足が深刻化しており、コストが高い紹介・派遣会社を利用せざるを得ない状況に陥っている。

③経営を圧迫する紹介・派遣料と地代・賃借料

ⅰ　紹介・派遣料

高齢協の調査によると、23区内の特養が紹介・派遣会社へ支払った平均金額は、年間約1,943万円にも上る（表４）。派遣会社の賃金がパート・アルバイトなどと比べて高い理由は、派遣職員が顧客の要望を満たす技術や経験を合わせ持つ即戦力だからだ。派遣会社に支払う金額が高いと感じるかどうかはひとえにその点による。最近は、即戦力どころか無資格、未経験の派遣・紹介職員が増えている。また、経験がなく、スキルが低い職員を派遣先で戦力化させた末に、短期で他施設に転職させるという悪質な業者が横行している。複数の法人と共同で就職フェアを開催するなど、職員を直接採用する工夫が必要である。

表４　都内特養が支払っている派遣・紹介料

	区部（N=140）	市部（N=90）
平均額 （外れ値除く）	19,431,128円	14,964,238円
中央値 （外れ値除く）	13,000,000円	8,000,000円

東京都高齢者福祉施設協議会　特別養護老人ホームにおける新型コロナウイルスの影響調査
令和２年5月25日

ⅱ　地代・賃借料

都内の特養は土地・建物ともに賃貸借が認められている。ところが、介護報酬の上乗せ割合には地代や物価が勘案されていない。厚労省は「賃借料など物件費は利用者に転嫁した」と主張している。2019（令和元）年の総務省物価統計局の調査によると、東京都の民営家賃の平均は

3.3平米あたり8,841円であり、全国平均4,326円の約2倍だ。千代田・中央・港・新宿・渋谷区ともなるとそれ以上だ。高齢協の調査（表5）によると、23区内の特養（47施設）が支払った平均の地代は、年間1,197万円である。市部（40施設）の平均地代591万円の約2倍になる。これを利用者の居室料に転嫁することは難しい。所得が高い介護保険の利用者負担限度額が所得が高い第4段階の利用者にしか請求できない仕組みになっているからだ。たとえば、定員100人の特養に第4段階の利用者が10%いる場合、1室あたりの居室料が月10万円増えることになる。

また、2017（平成29）年東京都の消費者物価指数は全国平均100に対して104.4となっている。介護報酬の上乗せ割合に地価と物価を反映する必要がある。

表5　都内特養の賃借料・借地料

	全体	区部（N=47）	市部（N=40）
平均額 （外れ値除く）	9,030,833円	11,971,572円	5,914,802円
中央値 （外れ値除く）	5,493,600円	7,844,496円	2,600,000円

東京都高齢者福祉施設協議会　特別養護老人ホームにおける新型コロナウイルスの影響調査
令和2年5月25日

（5）施設と介護職員の同時供給不足

①深刻化する23区の介護人材不足

2020（令和2）年9月末の、東京労働局の調査では、都内の介護に関わる有効求人倍率は、5.41倍だった。一方、23区内は、絶望的な倍率である。品川のハローワークが54.90倍、飯田橋38.22倍、新宿12.99倍、渋谷11.40倍となっている。一方、多摩地域（立川、八王子、青梅、町田、府中）の平均は1.90倍、全国平均も3.38倍と比較的低い。

つまり、介護人材不足の深刻化は、全国共通でも都市部共通でもなく、23区特有の問題といっても過言ではない。厚労省のデータは都道府県別で示されることが多い。これでは、問題の核心がわからない。大阪府、愛知県などと同様に「都市部共通の問題」とされてしまうからである[3]。

②介護人材不足と施設の増加に影響する待機者数

都内の介護人材不足に拍車をかけているのが、特養の増加である。これこそ、まさに地方の人手不足とは異なる要因である。2019（令和元）年と2020（令和2）年合計で、都内に37施設、3,590ベッドが増加した。23区内はその70%にあたる26施設、2549ベッドが増加した。ユニット型で、全国平均である利用者1.7人に対して1人の介護・看護職員配置をすると、23区内ではあらたに1,500人ほどが必要になる。中でも深刻なのは世田谷区だ。2019（令和元）年5月～11月までのわずか半年間で4施設、402ベッドが増えた。東京都は2025（令和7）年までに特養の定員を現在の約50,000人から約62,000人へと増やす計画だ[4]。今後も待機者対策として、施設の増加は避けられない。

ただし、施設を増設すれば、待機者が減少するとは限らない。高齢協の調査により、医療依存度が高い、身元引受人がいない、精神疾患を抱えている、低所得などの人は、入所に至らないケースが少なくないことが明らかになった[5]。一方、待機者のうち「入所の案内をした際に断られた」人数が約337に上った。上記のケースの場合、求められているのは施設の増加ではなく、受け入れ体制の充実ではないか。施設整備計画策定前に特養ニーズを示す正確な待機者の実態把握が必要である。

③稼働率の低下と待機者の増加

他方、稼働率の低下が待機者を増加させている。②と同じ高齢協の調査では、特養の稼働率が低迷している実態が明らかになった。23区内では92.96％、多摩東部と西部がそれぞれ93.16％、94.69％である。昨年度よりもすべての地域で悪化している。都内黒字施設の平均が95％、赤字施設の平均が92.9％となっている。経営が厳しい反面、ベッドが空いている実態が示されている。常に満床近くならまだしも、空床が多い中で近隣の施設の増加により職員確保がいっそう困難になるとすれば問題だろう。2019（令和元）年度の都内特養のベッド総数は50,506ベッドである[6]。１％は505ベッドにあたる。たとえば、稼働率を３％上げると1,525ベッドが埋まることになる。100床の特養15施設分である。介護・看護職員、相談員を充足できれば、稼働率アップはある程度可能になる。待機者の正確な実態把握と稼働率を上げることにより、特養の待機者を相当数減少させることができる。その結果、施設整備が頭打ちになり、過酷な人材確保競争も緩和されると考える。国、自治体による抜本的な人材確保対策が手詰まりになっている状況下では、一考の余地があるのではないか。

Ⅱ　コロナ時代の経営戦略

❶ 博水の郷における集団感染

（1）社会的検査による陽性者の判明

2020（令和２）年11月13日（金曜日）、筆者が理事長である社会福祉法人大三島育徳会が経営する特養「博水の郷」おいて、世田谷区による社会的検査を受けた。その結果、13日から17日（火曜日）にかけて、特養介護職員６名（うち管理職１名）、訪問介護職員１名、デイサービス職員１名、看護職員２名、委託会社の施設管理要員３人、特養利用者２人の合計 15 人の陽性者が判明した。全員が無症状で、その後も発症者が出なかったことが救いだった。特に、入院した２人の 90 歳ほどの利用者がお変わりなく施設に戻って来られ、笑顔を見たときは安堵のため息をついた。11 月末において、あらたな陽性者も発症者もなく、12 月１日から特養、デイサービス、ショートステイ３事業とも通常営業に戻っている。

施設内では、陽性者が判明した段階で保健所・世田谷区に連絡し、指示を仰ぐとともに対策本部を設置した。施設長が本部長に就任し、感染症に対応した法人の BCP に示された初動対応を迅速に行った。保健所の来所前後に行った、保健所の指示以外の対応は次のとおりである（抜粋）。

表６　保健所の指示以外に実施した対応策

①　陽性者発生ユニット・職員の隔離
②　利用者・職員の健康確認
③　全館消毒実施
④　医療廃棄物への対応指示
⑤　緊急のシフト調整
⑥　委託業者への協力要請
⑦　衛生資材の確認
⑧　保健所・世田谷区等関係機関との連絡担当者選任
⑨　マスコミ対応担当者選任
⑩　クリーンゾーンでの応援職員受け入れ対応確認

初動対応の大切さは多方面から指摘されているためここには詳述しない。１つだけ指摘するとすれば、対策本部の適切な意思決定には、迅速で正確な情報収集に基づく実態把握が不可欠となることだ。誤った情報、情報の遅延は、感染を広げる危険性がある。

（２）迅速で隠し立てしない公表

感染者発生、その後の集団感染の状況については、ありのままを法人のホームページに掲載した。刻々と増加する感染者数と健康状態を「新型コロナウイルス陽性者発生について1～4」で報告した。反応はすぐに表れた。16日には、ホームページの1日のアクセス数が普段の150ほどが20倍の3,000以上に跳ね上がった。利用者のご家族や他施設の施設長などから多数の応援メールや電話をいただいた。直接、施設に2,000枚入りのグローブと栄養ドリンクの箱を届けてくれる施設もあった。遠く青森の法人からはリンゴの箱を送っていただいた。結局、風評被害を引き起こすような反応はなかった。迅速で率直な情報発信の大切さを再認識した。職員のガンバリと仲間の施設からのエールに胸をこみ上げるものがあった。

（3）社会的検査前の備えと覚悟

世田谷区では、介護事業所等の社会的インフラを継続的に維持するため、介護事業者等を対象にしたPCR検査（社会的検査）を実施している[7]。社会的検査の目的は以下のとおりである。

①施設利用者への感染を未然に防ぎ、重症化を避けること ②感染者または疑いのある方に接触した可能性が高い方に対して、早期に対応すること ③施設内でのクラスターを抑止すること

施設内の感染拡大を防ぐとともに職員の安心にもつながるため、社会的検査を実施する自治体が増加していくと推測される。ただし、無症状とはいえ陽性者や濃厚接触者が判明した場合、当該職員の自宅待機、自宅・宿泊療養が求められる[8]。陽性者は最低10日以上、濃厚接触者と指定されると14日間は出勤できないことになる。この間の代替職員の確保について検討しておくことが必要だ。他の法人からの応援職員が期待できなければ、介護崩壊にもなりかねない。さらに、経営的なダメージも想定しておかなければならない。

前述したように、集団感染が発生した施設が通常営業に戻るまで、1.5月から２か月がかかるためだ。博水の郷では12月末現在、特養、短期、通所の３事業合計で対前期4000万円の減収となった。社会的検査を受診するならば、人的にも財源的にも周到な準備と覚悟が必要だ。当然ながら、こうした準備は施設内でいきなり感染者が発症した場合にも機能する。

2 コロナ発生施設応援の仕組み

（1）集団感染が発生した特養の共通点

23区内で集団感染が発生した５つの特養には共通点がある。複数の施設や病院を持つ大規模法人が運営している点である。そのため、法人内の別の施設から、介護・看護職員が応援に駆けつけ、難局を乗り切ることができた。小規模法人の施設で発生した場合の対策が急務となる。23区内では人材不足が深刻化しており、他法人からの支援があまり期待できない。施設内のデイサービスの職員や居宅介護支援事務所のケアマネジャーによる応援は可能だが、限界がある。外部の専門職の速やかな支援が必要だ。

（2）コロナ発生施設への応援職員派遣事業

災害現場で活躍する、災害派遣医療チーム（Disaster Medical Assistance Team）、がある。頭文字をとって、DMATと呼ばれている。実際、５月に集団感染が発生した札幌の老人保健施設へ支援に入っている。その後、神奈川県、大阪府、兵庫県などで独自の福祉施設における応援職員派遣事業が開始されている。コロナに感染して職員が入院、自宅・宿泊療養、あるいは濃厚接触者に指定され自宅待機になり、サービスの継続が困難になった場合、他の法人からの応援職員を派遣する仕組みだ。自治体から要請を受けた社会福祉協議会が派遣要請施設と支援協力施設とのマッチングを行い職員が派遣される。東京都においても10月に「新型コロナウイルス感染発生時における職員の派遣に関する協定」を東京都社会福祉協議会と東京都老人保健施設協会との三者で協定を締結している（図２参照）。東京都社会福祉協議会にある経営者協議会が2020（令和２）年９月に実施した調査（都内社会福祉法人への新型コロナウイルス影響把握調査）では、都内の41.7%の法人が「職員が不足する場合の自治体、他法人による応援職員体制の支援」が必要だと回答している。

図２　「東京都の高齢者施設における新型コロナウイルス感染症発生時における職員の派遣に関する協定」

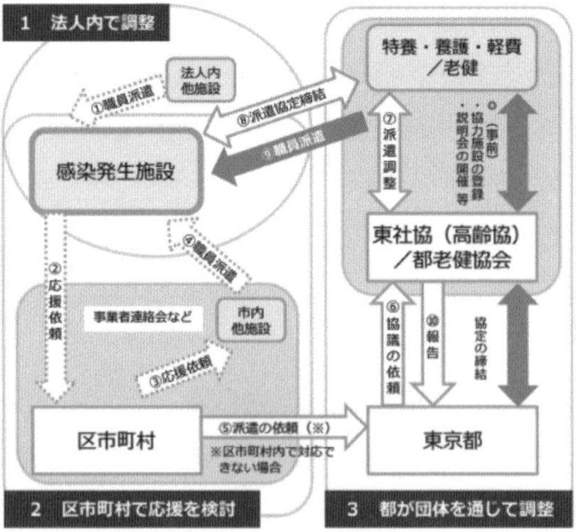

（3）世田谷区 特養職員相互派遣の取り組み

世田谷区では、12月に「特別養護老人ホームにおける新型コロナウイルス感染症発生時の職員相互派遣に関する覚書」が区と特養の施設長会とで締結されようとしていた。その矢先の「博水の郷」における集団感染の発生である。区の担当部署が前倒しで、世田谷区内の全特養へ派遣調整の依頼を開始してくれた。その結果、４施設から派遣職員の決定通知が区に届けられた。いずれも特養の介護職員である。加えて、２施設が非公式に電話により支援表明をしてくれた。博水の郷の特養では、看護師２人、介護士５人が抜けても最低配置基準の利用者３人に対して介護・看護職員１人の体制をぎりぎり維持できる状況であった。デイサービスの職員の応援態勢も整えていた。ただし、崖っぷちに立たされた介護職員の緊張は限界寸前であり、他施設からの派遣職員の決定はこの上ない朗報になった。職員の士気向上につながったことが実感として残っている。

（4）大事な施設間の顔の見える関係性

2018（平成30）年度から、世田谷区内特養施設長会（27施設）は、後述３（５）の「福祉・介護のおしごとフェア」を開催している。また、2016（平成28）年より、世田谷区社会福祉法人地域公益活動協議会を創設し、地域における公益的な取り組みを法人の枠を超えて協働している[9]。いずれも区が後方支援をしてくれている。こうした、日ごろからの顔の見える関係が築けているからこそ、今回の迅速な職員派遣の決定につながったのではないか。都道府県単位の応援職員事業で危惧されるのがこの「顔の見える関係」が築きにくいことである。これがなければ、協定を締結しても応援派遣の実行可能性が低下する恐れがある。

世田谷区内の特養が介護人材不足に苦しんでいないとは考えられない。2019（令和元）年５月から11月の半年間で４施設、402床が増加したからだ。そうした状況下、職員の派遣を決定した施設には心から感謝したい。社会的検査に対しては、感染者や濃厚接触者が判明した場合、人数によっては施設の介護が逼迫する危険性があるという指摘がなされる。該当した職員に自宅や宿泊施設での療養が求められるからだ。しかしながら、発症する前に対応するのと、発症者が集団的に出てから対策を講じるのでは雲泥の差があると実感している。

(5) 災害時の救いの手となる社会福祉連携推進法人制度

小規模法人では災害時の十分な対策が難しい。人材や資金に余裕がないためだ。かねてより、国は社会福祉法人の大規模化により効率化を図ろうと考えていた。しかしながら、大規模法人による吸収合併はあまり進まなかった。そこで、譲渡・合併以前の連携によるグループ化というあらたな選択肢が登場した。2020(令和2)年6月5日、社会福祉法が改正され、「社会福祉連携推進法人制度」が国会を通過した。6月12日に公布され、施行日は2年を超えない範囲での政令で定める日とされた。

連携推進法人のメリットは、国が示している採用担当職員の確保、経営や研修ノウハウの蓄積、地域における公益的な取り組みが可能になることだけではない。人手不足が深刻化している場合、出向の形態で人材を融通することができる。なによりも施設に集団感染が発生した場合、相互に応援派遣が可能になる。さらに、資金までも融通できる。新規事業の立ち上げ、事業再生などが容易になるばかりか、コロナ禍により想定外の資金不足に陥った場合に救いの手となる。つまり、不本意な事業譲渡や吸収合併をされずに、法人を存続させることができる。法律の施行が待たれるところだ。

３ コロナ禍に必須となる法人経営のポイント

（１）危機意識の共有から始まる法人改革の必要性

コロナの感染拡大により、23 区内の施設は危機的状況に陥っている。集団感染が発生した地域はなおさらである。前述したとおり、介護報酬の低い人件費率、長く続く低収益構造、深刻化する人材不足など、構造的な要因が大きく影響している。一つ一つの課題の解決・緩和に向けて、行政、議会、マスコミ、学識者など多方面に働きかける必要がある。

一方、法人あるいは施設が自助努力により、危機を乗り切るためには変革が必要だ。従来の手法である稼働率の引き上げ、支出の抑制だけではコロナ時代を生き抜くことは難しい。また、最近は会議、研修、訓練、飲み会、趣味活動などの多くがオンラインで行われるようになった。今後、ICT の活用は不可欠だ。しかし、だからといって、介護・福祉サービスはすべてロボットやスクリーン越しというわけにはいかない。対面でなくてはならないケースが少なくないためである。社会福祉の観点から変革の道筋と選択肢を示したい。変革に大切なことは、まず、全職員で危機意識を共有することだ。次に、幹部職員の意識改革が必要である。そして、その必要性を全職員に伝えていく。それができて、変革がはじまる。利用者に選ばれるサービスの創造ができる。「なぜ、意識改革が必要か」を深く理解していないと、「選ばれるサービスとは何か？」を真剣に考え抜くことができないからだ。たとえ、あらたなサービスを創出するためにプロジェクトチームを組織しても機能しない危険性がある。

（2）選ばれるサービスの創造

老人福祉法を根拠とする特養は高齢者の介護だけを担う施設ではない。個人や家族では解決できない高齢者に関わる課題を解決・緩和に向けて支援する福祉施設として高く評価されてきた。これこそが、有料老人ホームと大きく異なる点だ。しかしながら、都内においては、長期にわたる人材不足、低収益により、介護サービスの提供で精一杯になっている特養が増えている。事実、2019（令和元）年度は都内の特養の33.2%が赤字である[10]。福祉サービスを十分に提供できず、地域との信頼関係が希薄になることが危惧される。こうした観点に立って、利用者から「選ばれるサービス」をいくつか提示したい。

「選ばれるサービス」とは、サービスの差別化をすることだ。他の法人の特養とは明らかに異なるサービスを生み出さなければならない。それが、法人や施設に対する「利用者や家族のイメージ」をアップさせる。

ただし、価格競争はしない。模倣されやすく、業績や利用者満足に影響するからだ。介護保険では、地域加算が同じ地域であれば、同じ介護報酬でサービスを行う。住居費、食事代などを除くとほぼ同じ価格だ。これらを減額してはいけない。また、サービスの質や職員の満足度を落とす節約は論外である。特養であれば、特養への入所が難しい人を受け入れることが他の特養ばかりか有料老人ホームとの差別化にもつながる。要するに、行き場がない高齢者を受け入れることだ。

（3）行き場がない高齢者

2019（令和元）年10月、高齢協が「さまざまな問題を抱えた高齢者の行き場・実態調査」を実施した[11]。自由記述の分析により、「『経済的に厳しいケース』、『医療ニーズが高いケース』、『身寄りや身元引受人が不在のケース』、『軽介護度のケース』において行き場の選択肢が狭まる」ことが明らかになった。確かに特養を新設しても上記４つのケースにあたる高齢者は入所が難しい。それぞれのケースをあらためて検討する。

①経済的に厳しいケース

区内では、ユニット型特養の個室料が高く、低所得者は入居が難しい。特に、生活保護に至らないぎりぎりの収入しかない人たちの入所が困難だ。加えて、多少蓄えがあっても先が見えないため従来型を望む利用者、家族が増えている。都内では、全体の居室の30％までは、従来型特養の整備が認められている。

ところが、全室個室ユニット型の特養が増加している。どちらの建築費も大きく変わらないため、居室料を徴収した方が借入金の返済が楽になるからだ。利用料に対する社会福祉法人による減免があるが、返済金を考えると受け入れ人数には限度がある。今後、コロナの影響により、従来型の特養の整備は認可されなくなる。居室料の減免が積極的にできるように収益力を上げる必要があるだろう。

②医療ニーズが高いケース

胃ろう、インスリン注射、在宅酸素、常時のたんの吸引、透析などが必要な人を受け入れられる医療体制を整えるのは難しい。看護師の増員、介護職員のスキルアップが必要なためだ。看護師不足は介護職以上ともいわれている。さらに、看護師による夜勤体制を整えるのは、財政的に困難である。

③身寄りや身元引受人が不在のケース

身寄りや身元引受人がいない人を受け入れた場合、相談員の業務負担が重くなる。生活費の管理、入退院の手続・治療方針・手術の判断などの緊急時対応、行政手続の代行、死後事務[12]など、増える業務が多岐にわたるからだ。人材不足の中、受け入れられる人数には限りがある。また、多分野にわたる知識と経験が求められるため、相談員の養成が肝心だ。養成に時間を割けられるか否かが受け入れ人数を増やすカギとなる。

④要介護３以下のケース

要介護３の人は、制度上は特養への入所が可能だ。にもかかわらず、実際は難しい。日常生活継続支援加算の取得要件に、要介護４・５の重度者の積極的な受け入れがあるためだ。軽度の範囲が要介護３まで拡大されたかのようだ。介護保険の歳出は減少するかもしれないが、在宅の介護者の負担が増加し、ネグレクトや心身への虐待の増加が危惧される。

（4）福祉施設としての差別化

前項の４つのケースに該当する高齢者は、地域に特養が増えても、多くが待機者としてとり残されている。この行き場をなくした人を受け入れていくことで他の特養や有料老人ホームとの差別化ができる。今後も都内には特養が増加していく。介護職員ばかりではなく、入所希望者の取り合いも加速するだろう。この４つのケースに対応できる体制を整えることで、安定的に入所者を確保できる。特に、③のケースについては、核家族化、未婚化、家族関係の希薄化などが進み、身元引受人の確保がより困難になっていくと推測される。福祉ニーズは高まるばかりだ。

（5）特養の特養による特養のための就職フェア

サービスの差別化は利用者確保に必須の取り組みである。職員の確保についても同様に差別化が求められる。コロナ禍により、就職フェアの中止、延期、縮小が相次いでいる。一方、失業者が増えているにもかかわらず、ハローワークへの求職者登録が増加していないといわれている。もはや「待っていても人は来ない」と認識し、自ら行動を起こす必要がある。特養の特養による特養のための就職フェアの実施も効果的な取り組みだ。昨年度から、世田谷区内特養施設長会（27 施設）は、「福祉・介護のおしごとフェア」を開催している。共催は、世田谷区、世田谷区福祉人材育成・研修センター(以下、人材センター)、ハローワーク渋谷である。会場の確保は区に、区民の介護実習や研修日と合わせるなどの日程調整は人材センターに、そして、集客はハローワークに担ってもらっている。肝心なのは、当該就職フェアが失業保険の給付に不可欠となる「求職活動実績」に認定されることだ。認定されれば、参加者が確実に増える。フェア３回目の 10 月３日には求職者が 119 名来場した。特養の施設長会が中心となって企画し、それを行政機関が支えるという卓抜した取り組みである。

介護労働安定センターの「令和元年度介護労働実態調査」によると、介護労働者の 37.9％が現在の法人に就職した理由の一番に通勤の利便性を挙げている。つまり、求職者が多く集まる都心ではなく、世田谷区内で区内の特養だけの就職フェアを開催したことが功を奏したのではないか。

ピンチをチャンスに（結びに代えて）

東京都は小笠原諸島、伊豆七島から奥多摩まで、23 区、26 市、５町、８村からなっている。大都市部から中山間地、離島まで、まるで日本の縮図のようだ。介護報酬の地域区分も１級地の 23 区から島しょ部を含むその他地域まで8区分の全地域がある。したがって、都内には是正すべき地域格差がさまざまある。多くは、基礎的自治体の財源不足、人口減少、大学・事業所の都心回帰など23区に比べて市町村部が劣位に置かれている状況である。ところが、「人、モノ、金、情報は東京一極集中」という言葉に代表される大都市部優位、地方劣位という普遍的認識には当てはまらない典型的な産業分野がある。福祉・介護分野である。23区内と比べると、介護報酬、人材確保、施設の敷地確保などの特養の経営環境は市町村部の方が優位な点が少なくない。ここまで縷々（るる）述べてきた「逆格差」である。誤解していただきたくないのは、都内の特養は市町村部であっても、東京都以外の道府県と比べると、厳しい経営状況にあるのは間違いないことだ。前述したとおりである（Ⅱ－1）。23区だけが大変などとは毛頭考えていない。むしろ、福祉政策に対する財源不足の影響は市町村部の方が大きいと認識している。筆者が知っていただきたいのは豊かだと思われがちな、人口967万人（令和2年9月現在）を擁する23区内の特養の窮状である。実態を知らないと関心がわかない。関心がないと行動が生まれない。東京都、特に23区内の特養の窮状は構造的要因によってもたらされている。ところが、その実態は社会にあまり知られていない。そのため、積極的に現状を変える行動が起きにくい状況だ。コロナ禍により深刻化した実態を知ってもらいたい一心で執筆した。

23区内は無論のこと都内市町村部においても特養の福祉サービスの質の低下がうかがえる。Ⅱ－3で示した「行き場のない高齢者」における4つのケースに表されている。アンケートに回答した地域包括支援センターの職員があまりの行き場のなさに無力感を感じていることが自由記述から察せられた。介護保険サービスだけで青息吐息の状態で、選ばれるサービスの創造どころか福祉サービスの充実を図れない施設が増えている。以前からの構造的な問題にコロナの感染拡大が追い打ちをかけているためだ。この窮状を社会へ訴え、制度の見直しを国へ働きかけ、経営環境を整えなくてはならない。もちろん、収支が赤字になるからといって特養が本来担っている福祉サービスや地域における公益的な取り組みを実施しないわけにはいかない。そのためには、法人、施設による独自の変革も不可欠である。このコロナ禍という危機を変革の最大の機会（チャンス）と捉えていただきたい。

注記

1　「地域区分は地域間における人件費の差を勘案して、地域間の介護保険費用の配分方法を調整するものであるため、財政的に増減を生じさせないようにすることが原則である」(第 107・148 回 介護給付費分科会 資料)

2　「特別養護老人ホーム平成 31 年度決算に基づく経常増減差額比率（収支差額率)」の調査結果（元年決算）

3　厚生労働省老健局資料　2019 年６月 11 日 p.4

4　令和２年７月東京都福祉保健局高齢社会対策部「東京の高齢者と介護保険データ集」

5　高齢協 制度検討委員会 令和２年「東京都内特別養護老人ホーム入所待機者に関する実態調査」

6　東京都福祉保健局高齢社会対策部調査

7　世田谷区ホームページ（令和２年 11 月 16 日更新 No.188032）

8　「東京都における宿泊療養施設の運営について」

9　平成 28 年創設。世田谷区内に本部がある 36 の社会福祉法人、129 の事業所が会員となっている。世田谷区民の福祉向上、社会福祉法人による地域公益活動の周知を目的としている。

10　東京都高齢者福祉施設協議会「令和２年度特別養護老人ホーム経営実態調査」

11　東京都高齢者福祉施設協議会　ソーシャルワークビジョン検討小委員会（2019）「調査報告書　さまざまな課題を抱える高齢者の行き場・実態調査報告書」

12　死後事務：亡くなった直後から必要な事務手続き。①死亡時の病院等への駆けつけ、遺体引き取りの手配、②葬儀、埋葬に関すること、③賃貸住宅の明け渡しや遺品整理、④家賃、入院費など諸費用の支払い、⑤各種契約の解除など（島田・吉村 2018「おひとりさまの死後事務委任」）

参考・引用文献

厚生労働省（2014）「社保審－介護給付費分科会 第107回（H26.9.3）資料２」

厚生労働省（2017a）「社保審－介護給付費分科会 第148回（H29.10.27）資料７」

厚生労働省（2017b）「平成29年度介護事業経営実態調査結果（各サービス別総括表）」

厚生労働省（2020d）感染症流行時の職員のメンタルヘルス

厚生労働省（2020e）「『地域共生社会の実現のための社会福祉法等の一部を改正する法律』の公布について（通知）」

江東区（2020）「【第34報】区内特別養護老人ホームにおける新型コロナウイルスに関連した患者の発生について（2020年4月29日）」

国土交通省（2020b）「Go To トラベル事業における東京都の取り扱いの変更について」

国土交通省（2020c）「閣議・閣僚」『赤羽大臣会見要旨 2020年9月11日（金）11:00 ～ 11:35 国土交通省会見室 赤羽一嘉 大臣』

毎日新聞（2020）「介護ストレス、感染の恐怖、使命感…「ウェブ文通」で支え合うケアワーカー」

世田谷区（2020）「介護事業所等を対象としたＰＣＲ検査（社会的検査）の実施について【11月23日17時更新】」

衆議院（2011）「衆議院議員柿澤未途君提出介護報酬の地域係数に乗ずる人件費比率と地域区分の考え方に関する質問に対する答弁書」（2011年　内閣衆質177 第242号）

総務省統計局（2020）「物価に関する統計」

東京都高齢者福祉施設協議会　令和元年（平成31年）度決算に基づく特別養護老人ホーム収支状況調査及び新型コロナウイルス感染症による収支への影響調査

東京都（2020）「東京都新型コロナウイルス感染症対策サイト」

東京都高齢者福祉施設協議会（2020b）「（特養分科会）新型コロナウイルスの影響に

関する調査結果」
東京都高齢者福祉施設協議会（2020c）「特養分科会『新型コロナウイルスの影響に関する調査』（追加調査分）結果速報」
東京都福祉保健局高齢社会対策部（2017）「東京の高齢者と介護保険データ集」

資料1

避難確保計画チェックリスト

	確認事項	確認欄
施設の危険性	施設の想定最大規模の浸水深は何mですか？施設の外に出て、大雨時にどうなるか、浸水イメージを関係者全員で確認しましたか？	□
避難経路	避難経路に危険箇所はありませんか？避難経路は複数設定していますか？	□
避難先までの移動時間	避難先までの移動時間は確認しましたか？	□
避難経路図の共有	避難経路図（別紙1）は施設内に掲示されていますか？施設関係者全員で共有できていますか？	□
施設の情報	・利用者を一人避難させるために、スタッフが何人必要ですか？不足している場合は対応方法は決めていますか？	□
	・休日、夜間は対応できますか？従業員は対応できますか？対応できない場合は前日夕方に対応できる計画となっていますか？	□
	・職員の参集計画、連絡体制は大丈夫ですか？	□
休業等の判断	・利用者の保護者等への連絡方法、連絡先、連絡内容（伝達文）を決めていますか？	□
防災体制	・警戒レベル3で避難行動を開始して完了できるように、各警戒レベルの防災体制を施設関係者全員で検討・共有していますか？	□
	・警戒レベル4では施設全体の避難行動を完了できる計画となっていますか？	□
情報収集	・警戒レベルごとに発表される防災情報の意味を十分に理解していますか？（施設関係者全員が望ましい）	□
	・いつでも情報収集できるよう、webサイトやアプリをお気に入り等に登録していますか？	□
情報伝達	・利用者の保護者等への連絡方法、連絡先、連絡内容（避難先）を決めていますか？	□
避難先	・道路の渋滞、冠水など想定していない状況が発生するかもしれません。避難先は複数設定していますか？	□
移動距離	・避難先まで実際に歩いてみましたか？車で移動してみましたか？どれくらいの距離・時間かを確認しましたか？	□
移動手段	・水害時による停電時は大丈夫ですか？暗い中で施設内を移動できますか？	□
	・停電によりエレベータが使えない場合、屋内安全確保（垂直避難）ができますか？	□
	・決めていた従業員が来られない場合どうしますか？ 施設外の地域で協力してもらえる人　を決めていますか？	□
	・施設の車が使えない場合はどうしますか？他の移動手段は確保していますか？	□
避難の確保を図るための施設の整備	・利用者の避難に必要なものを揃えていますか？不足していませんか？	□
	・利用者にとって必要なものは担当者（従業員）が良く知っていますので、施設関係者全員の声を聞いて、決めていますか？	□
自衛水防組織	・自衛水防組織とは、水害時の避難対応等を行う体制であり、設置することで役割がより明確になります。 ・従業員数が比較的多い場合は、設置することが望ましいので、施設内で検討してみましたか？	□
防災教育及び訓練の年間計画	・避難確保計画は施設関係者全員で共有できていますか？	□
	・避難訓練計画は利用者の命を守る訓練内容・計画となっていますか？	□
利用者緊急連絡先一覧表	・前日の休業や休園の場合、利用者の保護者等への連絡方法、連絡先、連絡内容を決めていますか？	□
緊急連絡網	・いつでも、連絡がつきますか？複数の伝達手段を確保していますか？	□
外部機関等の緊急連絡先一覧表	・最新の連絡先となっていますか？	□
対応別避難誘導一覧表	・利用者全員を避難させるために必要な時間（避難準備にかかる時間と移動にかかる時間）を把握していますか？訓練で確認しましたか？	□
防災体制一覧表	・施設の防災体制として、管理権限者、情報収集伝達要員、避難誘導要員を決めていますか？	□
	・決定した防災体制（役割分担）は必ずしも全員参集できるとは限りません。一人二役以上の役割をこなせるように訓練していますか？	□

出典：「避難確保計画様式チェックリスト」を修正

避難訓練チェックリスト

項目		
課題把握	初動訓練	職員参集はできますか（平日、休日・夜間）
		責任者への報告や職員への指示はできますか
	避難準備訓練	資器材・備蓄品等の確保できていますか
		避難時の服装準備、移動手段の準備（車いす・
	避難体制訓練	施設内の避難誘導・移動はできますか
		安全な避難先まで移動できますか

訓練項目	
共通訓練 防災体制の確認（1）【情報の収集・報告・判断訓練】	**訓練①：気象情報を収集する** ・テレビのdボタン（NHK）を確認する。 ・気象庁のホームページを確認する。 ・気象台のホームページを確認する。 ・防災情報メールを確認する。 ・市町村ホームページを確認する。 ・ラジオから情報確認する。
	訓練②：河川水位情報を収集する ・「川の防災情報」を確認する。 ・河川事務所の水位情報や ライブカメラの情報を確認する。 ・防災情報メールを確認する。

確認事項	確認欄
	□
	□
	□
担架、自動車等の確保)はできますか	□
	□
	□

訓練目標 記載例を参考に、各施設で設定して下さい	実施の有無
(例)気象情報について、操作に迷わず円滑に確認する	□
(例)洪水予報・河川水位について、操作に迷わずに確認する	□

	訓練③：責任者に台風や河川水位の情報を報告する ・台風の影響予測を報告する。 ・現状の水位情報を報告する。
	訓練④：責任者が「心のスイッチを入れる」判断と必要な指示を行う ・過去の状況、今後の予測情報を踏まえ、施設内の防災体制に移行するための決断を行う。
共通訓練 防災体制の確認（2）【情報の収集・報告・判断訓練】	**訓練⑤：避難準備・高齢者等避難開始などの避難情報を確認し、責任者に報告する** ・市町村ホームページから避難情報を確認する。 ・河川の水位情報を確認し、避難判断水位に達していないか、到達するおそれがないか確認（予測）する。
	訓練⑥：責任者が避難開始を判断し、指示を行う ・気象情報、河川水位情報に応じた対応の指示を行う ⇒どのような気象情報、水位情報のときに、どのような対応をすべきか判断・指示することが大事です。
	訓練⑦：施設利用者への説明を行う。 ・避難訓練を行うことについて、利用者の 状況に応じて、適切な説明を行う。 ⇒移動することを別な表現（散歩など）で説明することも工夫の一つです）
選択編 初動〔職員参集（平日、休日・夜間）〕	**不在（休暇中等）職員に連絡し、応援を要請する** ・日中に、夜間・休日を想定した訓練を行う ・緊急連絡網を複数パターン用意する
	全職員に連絡をまわす ・SNSグループを活用する ・緊急連絡網を複数パターン用意する
選択編 初動〔情報伝達・指示〕	**初動体制（職員待機やリーダー等）を決定する** ・一人複数役をこなせるように訓練時にローテーションする。
	通所利用者や外来診療の受入を判断する ・保護者等への連網を活用し、事前連絡を行う。

（例）様式3で整理した洪水予報・河川水位について、操作に迷わずに確認する	□
（例）職員は役割を確認する	□
（例）情報収集伝達要員は設定した防災情報を確認後、速やかに責任者に伝える	□
（例）避難準備・高齢者等避難開始が発令されたら、職員に避難開始を指示する	□
（例）訓練を行うことの説明をわかりやすく説明する	□
（例）休暇中等の職員に○分以内に連絡が取れる	□
例）休日に、連絡が職員全員に途切れなくまわる	□
（例）責任者は参集状況に応じた役割分担を判断し、職員に指示する	□
（例）責任者は通所利用者や外来受入の可否を判断し、職員に対応を指示する	□

	早期避難対応の要否を判断する ・重篤者など避難に時間を要する利用者の早めの対応を行う。
	館内放送の確認 ・トイレ、風呂など、管内放送が聞こえない場所がないか確認する。
選択編 避難準備〔資器材・備蓄品等の準備〕	**資器材、備蓄品等の確保** ・車いす・担架、備蓄品等は日頃から確認出来る場所に配置する。 ・各居室に非常時持ち出し袋（お薬手帳、薬など）を配備する。
	資器材・備蓄品等の移動 ・場所をわかりやすい所に置き、避難の時短を図る。また、すぐ動かせるようにしておく。
	土嚢や止水板の設置
	備蓄品（水・食料）の実
	利用者の情報を適切に管理 ・1・2週間に1度はカルテを出力する。
選択編 避難準備【移動に向けた事前準備】	**避難誘導班の体制確認** ・利用者ごとの役割分担を確認する。
	利用者の所在・状況確認 ・日常の利用者の状況チェックをより短時間で実施する
	利用者の事前準備 ・着替え、車椅子への移動、早めの食事などを行う。
	施設内の移動手段の確認 ・各居室に避難経路を貼る。

(例)早期避難が必要な利用者(体調管理に特に留意が必要な利用者等)の有無を判断し、適切な対応を指示する	□
(例)施設館内放送の動作確認(施設内の聞こえ方に差がないことを確認)	□
(例)利用者に必要な備蓄品・携行品の種類・量を迅速に確保する	□
(例)必要資器材を上層階に○分で(○名で)移動する (例)備蓄品を避難先への搬送用に車に○分で積み込む	□
(例)玄関に○分で設置する	□
(例)災害時用の備蓄食料品の味の確認や食べ方を理解する	□
(例)停電時にも利用者の情報が確認できる	□
(例)避難誘導班の体制と担当ごとの役割分担	□
(例)利用者の所在や状態、安否状況等を○分で(○名で)確認する	□
(例)利用者の着替えを○分で行う	□
(例)車いすや担架等の資器材を確保する (例)エレベータの状況や機械室を確認する	□

	施設外の移動手段の確認 ・避難車両の乗車割り当て表を作成する。 ・避難者の引き取りチェックリストを作成する。 ・保育園の応援（ボランティア）隊を確保する。
選択編 非常体制【施設内の避難誘導】	**避難先の選択** ・施設内の避難スペースを迅速に確保できるようにする。
	施設内における避難移動（玄関まで/上層避難） ・1階から2階への避難訓練を実施する。 ・職員が利用者の代役となり、患者の負担がないように実施する。 ・夜間訓練を夜勤者１人で行い、深夜の避難計画を作成する。
	利用者の心身の健康管理 ・利用者ごとの配慮事項を確認する。
選択編 非常体制【施設外への避難誘導】	**避難先の選択** ・避難先に事前連絡して訓練を実施する。
	移動経路・移動手段の決定 ・大雨時の状況を踏まえ、避難路・移動手段の事前確認を行う。
	車両への乗り込み訓練
	リフト車両の操作訓練
	避難場所への避難移動 ・隣接しているグループ施設や他施設との避難訓練を実施する。 ・他地区の施設との相互受け入れに関する協議を行う。
	利用者の心身の健康管理 ・利用者ごとの配慮事項を確認する。 ・引き渡し訓練を保護者と共に実施する。

出典：「要配慮者利用施設における避難訓練チェックリスト」を修正

(例)避難移動用の自動車を必要台数確保する	□
(例)避難先(施設内の上層階か施設外か)を迅速に判断し、周知する	□
(例)施設内の移動を○分内で完了する (例)エレベータを利用せずに階段を利用して上層階の避難場所に移動する	□
(例)移動中や施設内の避難場所で、利用者の状態を確認する体制を確認する	□
(例)責任者は施設外の避難先を決定し、周知する	□
(例)状況を踏まえて移動経路と手段を判断し、周知する	□
(例)手配した車両に○分で乗り込む (例)ピストン移送の乗り込み順番を確認する	
(例)操作可能な従業員数を○名とする	□
(例)施設外の避難先まで、○分で移動する (例)移動経路上の課題(危険要因等)等と対応を確認する	□
(例)移動中(車両内等)や避難先で、利用者の状態を確認する体制を確認する	□

資料2

高齢者施設（特別養護老人ホーム／介護老人保健施設）における
新型コロナウイルス感染対策改善アクションチェックリストについて

★利用の目的：

このアクションチェックリストは、高齢者施設において新型コロナウイルス感染症対策を進める上での対策を強化することために自主的に取り組む際の優先項目を見える化し、次の行動に向けて合意を形成することを目的としています。

職場で取り上げる改善策を選択形式で選ぶチェック方法となっています。職場で一緒に働くスタッフによるグループ討議で利用することが効果的です。それぞれのチェックポイントは、新型コロナウイルス感染症対策に有効だった事例を絞り、管理者用とスタッフ用に分けて取り上げています。アクションチェックリストを使用することで、あなたの職場に合わせた感染対策へと改善する助けになります。

★使用方法：

1. アクションチェックリストの各項目をみて、あなたの職場でその対策がすでに実施されているか、これから新たに対策が必要かを考え、チェックしましょう(個人チェック)。
2. 職場の人お互いのチェック結果を共有し、あなたの職場で実行可能な対策について話しあいます(グループ討議)。
3. すでに行われている項目は、さらに強化するにはどうすればよいのか。
   できていない項目は、優先順位を決めて今日からできる具体的な方法を決めます。
4. 特に、優先するにチェックをした項目を中心に、できることから対策に取り組みはじめます。

★使用するうえでの留意事項

- アクションチェックリストは、職場の感染対策の良否を評価するものではありません。
  あなたの職場に合わせた実行可能な感染症対策を考えやすくするためのツールです。
- あなたの職場ですでに取り組めている対策についても目を向けましょう。
  「できていないところ」ではなく、対策が必要な点という対策志向でとらえていくことが大切です。
- アクションチェックリストの一部の項目だけを抜き出したり、順番を変えたりして、その職場ごとに使いやすいものにしてかまいません。

なお、このアクションチェックリストの利用は無料で、許可はいりません。

しかしながら、改変をした場合には私たちの名前は掲載しないでください。

問い合わせ先：松永早苗　palausanae@gmail.com

A．施設管理者・感染対策担当職員用

高齢者施設（特別養護老人ホーム／介護老人保健施設）における新型コ

実施場所：

【使い方】　この改善チェックリストは、新型コロナウイルス感染症の高齢者施設での集団感染を予防するために作
職場の人と項目ごとに話しあいます。すでに行われている項目は、さらに強化するにはどうすればよいのか

【チェックリスト項目】
- ●対策がすでに行われている、または該当しない場合・・・・・・・・・・　➡ **「提案し**
- ●その対策を取り上げたい、今後必要な場合・・・・・・・・・・・・・・・・　➡ **「提案す**

「提案する」と選択したものから特に優先して取り組むべき項目・・・　➡ **「優先する」**にチェック　（ここま
「優先する」にチェックした項目を他の人と共有し、優先すると回答した人が多かった項目を議論します。
最大7人程度でお話をして優先順位を付けて対策を行動に移せるよう担当者を決めたり、計画を立てた

A. **組織づくり**	1.	施設管理者は、新型コロナウイルス感染対策の担当職員とその役割を定め全体に周知しま
	2.	近隣の医療、介護施設、管轄保健所等の連絡先をリスト化し、掲示します。
	3.	感染対策担当職員は、職員に定期的に感染症に関する情報を発信します。
	4.	感染対策担当職員と施設管理者は、毎日感染対策に関わる情報を報告・連絡・相談しま
	5.	施設内における感染症発生時の対応フローチャートを作成しスタッフと共有します。
	6.	施設管理者は、感染者が発生した際の事業継続計画についてあらかじめ検討します。
	7.	施設管理者は、家族や施設運営に関連する業者などの外部からの問い合わせに対応します
	8.	近隣の感染対策の専門家と感染対策について情報交換できる関係を築きます。
B. **職員の** **健康管理**	1.	職員（外部委託業者も含む）の健康状態を毎日確認します。
	2.	有症状の職員や濃厚接触者となった職員の勤務停止、職場復帰のルールを定め、周知しま
	3.	職員の感染予防（標準予防策と感染経路別予防策）のための手順を定めます。
	4.	手順について必要な感染防止教育と日々の確認を行います。
C. **安心して働くことが** **できる職場環境**	1.	密集・密閉・密着（特に声を出すところ）を特定し、3密を回避できるよう工夫します。
	2.	職員が不安や悩みを定期的に話し合える場を設けます。
	3.	具合の悪い職員が出た場合にカバーできる柔軟な勤務シフト、業務フローを定めます。
	4.	職員が使用する個人防護具の必要数を算出し、確保します。
D. **施設利用者の** **健康管理**	1.	利用者や家族にお願いしたい感染対策を定め、周知します。
	2.	面会のルール（面会前の健康状態の確認、マスクの着用、短時間での面会、面会禁止とな
	3.	施設利用者の家族の緊急連絡先、住所は常に最新の情報に更新します。
E. **感染患者発生時の** **対応に向けた** **体制整備**	1.	感染疑いの人が発生した場合の具体的な手順（報告、受診の仕方、検体をとる医師や看
	2.	感染疑いの人が発生した場合の対処者の隔離方法、ゾーニング、スタッフの配置を事前に訓
	3.	感染疑いの人が発生した場合は、施設長をトップとした対策本部を設置します。
	4.	感染疑いの人が発生した場合は、提携している医師や管轄の保健所と相談します。
	5.	感染疑いの人が発生した場合は、対応した記録を直ちに作成します。
	6.	感染疑いの人が発生した場合は、対象者をできるだけ隔離したスペースに移動します。
	7.	感染疑いの人が発生した場合の職員、利用の家族、メディアへの対応を定めます。

作成者：松永早苗(宮城大学／東北大学)，残間由美子（宮城厚生協会 坂総合病院），藤田烈（国際医療福祉大学），武
厚生労働科学研究費補助金.一類感染症等の患者発生時に備えた臨床的対応に関する研究(20HA2002)研究代表者加藤康幸

型コロナウイルス感染対策改善アクションチェックリスト（印刷推奨サイズ：A3）

実施日時：＿＿＿＿＿＿＿＿＿＿＿＿＿＿＿＿＿＿＿＿

めに作成しました。アクションチェックリストは、下記の感染対策の項目をチェックし、
よいのか。できていない項目は、優先順位を決めて今日からできる具体的な方法を決めます。

提案しない」にチェック
提案する」にチェック
（ここまで10分程度で）
ます。（5分程度で）
立てたりします。（30分程度で）

	提案しない	提案する	優先する	メモ
知します。	☐	☐	☐	
	☐	☐	☐	
	☐	☐	☐	
談します。	☐	☐	☐	
	☐	☐	☐	
	☐	☐	☐	
します。	☐	☐	☐	
	☐	☐	☐	
	☐	☐	☐	
知します。	☐	☐	☐	
	☐	☐	☐	
	☐	☐	☐	
。	☐	☐	☐	
	☐	☐	☐	
	☐	☐	☐	
	☐	☐	☐	
	☐	☐	☐	
止となる場合の基準）を定めます。	☐	☐	☐	
	☐	☐	☐	
師や看護師）を定めます。	☐	☐	☐	
前に訓練しておきます。	☐	☐	☐	
	☐	☐	☐	
	☐	☐	☐	
	☐	☐	☐	
	☐	☐	☐	
	☐	☐	☐	

）, 武藤剛（北里大学）, 吉川悦子（日本赤十字看護大学）, 和田耕治（国際医療福祉大学）／ 2020年7月作成
藤康幸、研究分担者和田耕治により作成されました。

B．スタッフ用

高齢者施設（特別養護老人ホーム／介護老人保健施設）における新型

実施場所：

【使い方】 この改善チェックリストは、新型コロナウイルス感染症の高齢者施設での集団感染を予防するために作
職場の人と項目ごとに話しあいます。すでに行われている項目は、さらに強化するにはどうすればよいのか

【チェックリスト項目】
- ●対策がすでに行われている、または該当しない場合・・・・・・・・・・　➡ **「提案し**
- ●その対策を取り上げたい、今後必要な場合 ・・・・・・・・・・・・・・・・　➡ **「提案す**

「提案する」と選択したものから特に優先して取り組むべき項目・・・ ➡ **「優先する」**にチェック　（ここまで
「優先する」にチェックした項目を他の人と共有し、優先すると回答した人が多かった項目を議論します。（
最大7人程度でお話をして優先順位を付けて対策を行動に移せるよう担当者を決めたり、計画を立てたり

A. **職員自身の** **健康管理**	1.	職員（外部委託業者も含む）は、自身の健康状態を毎日確認し, 症状がある場合は仕事
	2.	症状があり仕事を休んだ職員は、職場のルールに従って、職場復帰の時期を相談します。
	3.	職員は、勤務時間外も不特定多数における密集・密閉・密着を伴う場への参加を避けるよう
	4.	勤務中は、マスクを着用します。
	5.	ユニフォームは、毎日洗濯できる枚数を準備し、勤務を終えたら洗濯します。
	6.	ユニフォームを着用して通勤する場合は、帰宅後すぐに洗濯後の私服に着替えます。
B. **施設利用者の** **健康管理**	1.	職員は、利用者の健康状態を確認し、症状のある利用者には施設の利用を取りやめてもらい
	2.	面会のルール（面会前の健康状態の確認、マスクの着用、短時間での面会、面会禁止とな
	3.	施設利用者が使用できるエタノールを主成分とする速乾式手指消毒剤を配置します。
	4.	施設利用者の出入りを記録に残し管理します。（氏名、面会日時、面会時間、連絡先）
	5.	症状ある利用者には、代替サービスが必要かを検討し、代替サービス利用のための調整をしま
C. **働く環境の整備**	1.	職場では休憩や更衣の時間も含めて可能な限り距離をとり、最小限の接触にします。
	2.	職員が使用する場所、スタッフステーション等の整理、整頓、清掃を常に心がけます。
	3.	職員が不安や悩みを定期的に話し合える場を設けます。
	4.	職員が突然休んでも業務が継続できるように分担を検討します。
D. **感染拡大防止策**	1.	適切な手指衛生法の実施を励行します。（石鹸と流水による衛生的手洗い、アルコール消
	2.	個人防護具の正しいつけ方、脱ぎ方を学び、ケアごとに確実に実施します。
	3.	各ケアに応じて必要となる個人防護具をリスト化します。
	4.	使用する物品の洗浄方法、消毒方法の手順を定め、マニュアルを作成します。
	5.	施設利用者に正しい手洗いや咳エチケットについて指導します。
	6.	勤務帯ごとに、高頻度接触面を清拭消毒します。 （ドアノブ、手すり、スイッチ、テーブル、ベッド柵、キーボード、マウス、電話、リハビリ用具など）
	7.	１時間に２回程度、外気を取り込む換気を行うか、外気を取り込むことが難しい場合は、換
	8.	汚染したリネンは、手袋、マスク、ビニールエプロンを使用して汚染が広がらないように取り扱い
	9.	共有する物品はなるべく少なくするか、使用毎に洗浄または消毒をします。
	10.	感染疑いの人が発生した場合の具体的な手順（報告、受診の仕方、検体をとる医師や看

作成：松永早苗(宮城大学／東北大学)，残間由美子（宮城厚生協会 坂総合病院），藤田烈（国際医療福祉大学），武藤
厚生労働科学研究費補助金.一類感染症等の患者発生時に備えた臨床的対応に関する研究(20HA2002)研究代表者加藤康幸、

新型コロナウイルス感染対策改善アクションチェックリスト（印刷推奨サイズ：A3）

実施日時：＿＿＿＿＿＿＿＿＿＿＿＿＿＿＿＿

めに作成しました。アクションチェックリストは、下記の感染対策の項目をチェックし、
よいのか。できていない項目は、優先順位を決めて今日からできる具体的な方法を決めます。

提案しない」にチェック

提案する」にチェック

（ここまで10分程度で）

ます。（5分程度で）

立てたりします。（30分程度で）

	提案しない	提案する	優先する	メモ
は仕事を休みます。	☐	☐	☐	
す。	☐	☐	☐	
けるようにします。	☐	☐	☐	
	☐	☐	☐	
	☐	☐	☐	
	☐	☐	☐	
てもらいます。	☐	☐	☐	
止となる場合の基準）を周知します。	☐	☐	☐	
。	☐	☐	☐	
先）	☐	☐	☐	
整をします。	☐	☐	☐	
	☐	☐	☐	
	☐	☐	☐	
	☐	☐	☐	
	☐	☐	☐	
ール消毒剤による手指衛生）	☐	☐	☐	
	☐	☐	☐	
	☐	☐	☐	
	☐	☐	☐	
	☐	☐	☐	
など）	☐	☐	☐	
は、換気扇を利用します。	☐	☐	☐	
り扱い洗濯します。	☐	☐	☐	
	☐	☐	☐	
師や看護師）を訓練します。	☐	☐	☐	

，武藤剛（北里大学），吉川悦子（日本赤十字看護大学），和田耕治（国際医療福祉大学）／ 2020年7月作成
藤康幸、研究分担者和田耕治により作成されました。

おわりに

ちょうど10年前、2011（平成23）年3月11日、当時宮城県の特別養護老人ホームに勤務していた筆者は、東日本大震災を経験しました。幸いなことに山沿いの立地であったことから、津波による被害はなかったものの、家屋を流されたり高台に避難して自衛隊のヘリコプターに救助された職員もいました。

当時を思い出してみると、3月11日の震災直後は怪我人がいないことを確認した後、町役場へ情報収集に向かい、施設利用者の無事を報告し、最初の夜を迎える準備に取り掛かりました。震災直後から、携帯電話も固定電話もつながらない状態となっており、敷地直下の橋は崩落しかけていたことから、デイサービスとショートステイの利用者の送迎を断念し、迎えにきた家族のみお返しすることを決め、役場にその旨伝えました。

外は吹雪。暖房を失った施設では自治体の災害本部から届けられた石油ストーブが唯一の熱源でした。幸いなことに、地震直後にはプロパンガス納入業者が点検に来てくれ、ガスによる調理が可能となり、また、受水槽に2tの水があったこと、非常食のみならず地震直後から近隣の農家から米や野菜、卵等が届けられたことが救いでした。

日も暮れてくる頃には近隣の避難者も施設に集まりはじめており、勤務体制の編成と情報収集に努め最初の漆黒の夜を迎えることになりました。

以後、電力が回復する3月17日までの6日間は、漆黒の闇のなかで数少ない懐中電灯を頼った介護が続けられ、乾電池の予備が底を突いた後は、葬祭会館を回り手に入れた蝋燭の明かりで夜間の介護を続けました。ガソリンが枯渇する状況のなかで、職員の多くが施設に泊まりこんで介護を行い、水道が復旧する3月末までは入浴すらできない状況で介護と避難者への対応が続けられました。

あれから10年。この10年間も多くの豪雨や台風等の災害による被害が報告されてきました。自身の経験や多くの被災事例をみるなかで強く思うことは、災害は突然訪れ誰もが被災者となるということです。

同じことは、新型コロナウィルス感染症でも当てはまります。本書で「感染はいつもスーッと足下に忍び寄ります」と記されているとおり、感染症に罹患することやクラスターが発生することも、突然訪れます。事実、2021（令和３）年３月、かつて筆者が施設長を務めた施設より、新型コロナウィルス感染症のクラスター発生の報が届きました。

介護施設は、利用者の生活と命を支える使命を持っています。だからこそ、平常時にできることをしっかりと準備し、災害や感染症に対応する組織的実行力を高める努力を続けていく必要があります。悲劇を繰り返すことのないよう、検証を重ねて備えを強固にしていく必要があります。

福祉サービスの質の向上を表現する際に「下りのエスカレーターを上る営み」と言われることがあります。歩みを止めれば下がっていき、同じ場所に留まるだけでも難しく、上がっていくためには相当の努力が必要だという比喩です。

防災や感染症対策についても当てはまるように思います。安全・安心は100％ではないかもしれませんが、リスクを低減するための歩みを続けていくことが求められるように思います。

2021年3月

執筆者を代表して　早坂聡久

≪執筆者一覧≫

◎は編集代表

◎第１章　早坂　聡久（東洋大学　ライフデザイン学部　准教授）

第２章　内出　幸美（社会福祉法人典人会　専務理事）

第３章　原田　英樹（社会福祉法人上天草会　理事長）

第４章　八木　裕子（東洋大学　ライフデザイン学部　准教授）

第５章　渡嘉敷唯之（株式会社 CoAct　代表取締役）

第６章　木村　哲之（社会福祉法人愛の会　法人本部長兼統括施設長）

第７章　松永　早苗（宮城大学　看護学群　特任講師、東北大学大学院非常勤講師）

第８章　田中　雅英（社会福祉法人大三島育徳会　理事長）

チェックリストと事例でわかる！
介護施設の災害・感染症対応

令和３年４月５日　第１刷発行

編集代表　早坂聡久

発　　行　株式会社ぎょうせい

〒136-8575　東京都江東区新木場1-18-11
URL：https://gyosei.jp

フリーコール　0120-953-431
ぎょうせい　お問い合わせ　検索　https://gyosei.jp/inquiry/

〈検印省略〉

印刷　ぎょうせいデジタル株式会社

ISBN978-4-324-10970-0
(5108693-00-000)
〔略号：介護災害感染症〕